REDEN IST SILBER FREIREDEN IST GOLD

Mehr Freude, Präsenz und Erfolg durch souveränes Auftreten

Margit Susan Lieverz

SORRISO
VERLAG

IMPRESSUM

Die Ratschläge in diesem Buch wurden von der Autorin und vom Verlag sorgfältig erwogen und geprüft, dennoch kann eine Garantie nicht übernommen werden. Eine Haftung der Autorin bzw. des Verlags und seiner Beauftragten für Personen-, Sach- und Vermögensschäden ist ausgeschlossen. Der Verlag weist ausdrücklich darauf hin, dass im Text enthaltene externe Links vom Verlag nur bis zum Zeitpunkt der Buchveröffentlichung eingesehen werden konnten. Auf spätere Veränderungen hat der Verlag keinerlei Einfluss. Eine Haftung des Verlags für externe Links ist stets ausgeschlossen.

Lektorat: Karen Christine Angermayer
Korrektorat: Bianca Weirauch
Layout, Umschlaggestaltung und Satz:
Susanne Büttner

ISBN: 978-3-946287-27-8

2. Auflage 2021
Dieses Buch ist auch als E-Book erhältlich.
www.sorriso-verlag.com
Werde Teil der sorriso community:

Bildnachweis

REDEN IST SILBER
FREIREDEN IST GOLD

Mehr Freude, Präsenz und Erfolg durch souveränes Auftreten

Margit Susan Lieverz

Sorriso
VERLAG

Für Mama

Ich habe alles in mir, wodurch ich wirken kann.

Hildegard von Bingen (1098-1179)
deutsche Mystikerin, Äbtissin und Naturwissenschaftlerin,
katholische Heilige

INHALTSVERZEICHNIS

Vorwort

Dr. Renée Moore Seiwert

Das erste Mal bin ich Margit auf dem Brian-Tracy-Seminar im Oktober 2014 in Böblingen begegnet. Margit hat als Moderatorin durch den Tag geführt und ich war in diesem Rahmen als Speakerin auf der Bühne. Margit hat mich auf ihre sehr charmante Art anmoderiert und wir sind dann in der Mittagspause ins Gespräch gekommen. Sie hat mich direkt mit Marina Friess vernetzt und bereits ein Jahr später war ich Schirmherrin und Keynote Speakerin auf dem Feminess-Kongress in Stuttgart. Dort hat Margit zum einen souverän und sympathisch durchs Programm moderiert und außerdem auch noch ihren ersten öffentlichen Vortrag gegeben. Natürlich zu ihrem Thema „Reden ist Silber – Freireden ist Gold" (der übrigens auch hier zu sehen ist: https://youtu.be/FQ_rv0gd6bE).

Und das ist so typisch für Margit. Sie hat ein großes offenes Herz und liebt es, Menschen miteinander zu vernetzen und Mut zu machen. Zur eigenen Persönlichkeit, zu mehr Präsenz und zur Freude im Sein. Und sie liebt es, Geschichten zu erzählen, denn das tut sie inzwischen schon seit Jahrzehnten. Früher in Form von Kurzgeschichten und Gedichten, heute in Form von Vorträgen, Moderationen und eben nun in diesem Buch.

Und da ist auch noch eines der großen Talente von Margit. Sie verbindet die Menschen untereinander, führt charmant durch

Veranstaltungen und sorgt auch dafür, dass sich hinter den Kulissen alle wohlfühlen.

Und genau so ist auch ihr erstes Buch aufgebaut: Es macht Mut zur freien Rede, Mut zu mehr Persönlichkeit, Mut dazu, sich selbst neu zu entdecken und sie vernetzt auch hier Menschen miteinander, denn sie empfiehlt ihr Netzwerk weiter.

Ich wünsche Ihnen, liebe Leserin/lieber Leser, also viel Freude beim Lesen und Lernen, beim Schmunzeln und Vernetzen.

Genießen Sie die Bühne Ihres Lebens und freuen Sie sich auf die nächsten Rede- und Präsentations-Gelegenheiten!

Herzlichst,

Ihre Dr. Renée Moore Seiwert

Internationale Motivationsrednerin für Innovation & Erfolg
Creator von Business Beyond Borders
www.reneemoore.com
Deidesheim, im April 2017

Willkommen!

Es war schon immer mein Anliegen, Menschen zu helfen. Meine Mutter dachte früher, ich würde später mal Medizin studieren, weil ich immer allen in meinem Umfeld helfen wollte und ein großes Interesse an Anatomie zeigte (ich hatte mir als Kind zum Geburtstag ein Pappskelett zum Selberbasteln gewünscht und auch bekommen!).

Ich bin Margit Lieverz, gelernte Köchin, studierte Hotelbetriebswirtin, ehemalige Eventmanagerin, ausgebildete Schauspielerin, Moderatorin, Rhetorik-Coach und Medientrainerin, Sängerin, Mutter einer zauberhaften Tochter, Ehefrau, Schwester, Tochter und Freundin.

Dieses Buch schreibe ich als Trainerin und Coach aus meinen Erfahrungen als Moderatorin für Events und TV-Beiträge, aus Interviews, die ich im Laufe der Jahre geführt habe, sowie aus meinen Seminaren und Trainings. Ich will dir helfen, klarer und deutlicher zu kommunizieren und dich zu präsentieren. Dich wohler zu fühlen in der eigenen Haut und dich mit Vorfreude auf eigene Auftritte und Rede-Anlässe vorzubereiten.

Meine Teilnehmerinnen und Teilnehmer wollten nach meinen Seminaren und Coachings immer wissen, welche Literatur sie vertiefend noch lesen können. So kam die Idee zu diesem Buch.

Du kannst es ergänzend oder vorbereitend zu meinen Seminaren lesen – und auch einfach, um wichtige Impulse zu tanken, wenn du gerade keine Zeit für ein Seminar oder ein Skype-Coaching hast. Wenn du schon ein Seminar oder Coaching bei mir belegt hast, kannst du dir mit dem Buch vieles noch einmal in Erinnerung rufen.

Mit meinen Teilnehmerinnen und Teilnehmern bin ich immer per Du, darum habe ich auch für dieses Buch die Du-Anrede gewählt. So kann ich dich besser erreichen und es steht kein förmliches Sie zwischen uns.

Was dieses Buch nicht ist: eine wissenschaftlich fundierte Abhandlung über das Präsentieren von Vorträgen und Reden. Es erhebt nicht den Anspruch der Vollständigkeit und schon gar nicht der Perfektion (weil es die nicht gibt, darauf komme ich noch zu sprechen).

Was dieses Buch ist: ein Buch aus der Praxis und für die Praxis. Alle Tipps und Anregungen sind vielfach praktisch erprobt und immer wieder verfeinert worden. Dieses Buch ist so aufgebaut, wie meine Coachings, Trainings und Seminare aufgebaut sind, gespickt mit Erfahrungen, die ich selbst und meine Teilnehmer gemacht haben, damit du den größten Lerneffekt hast.

In dieser neuen und erweiterten Auflage habe ich das Kapitel „Souverän in Videokonferenzen" ergänzt. Denn spätestens seit dem coronabedingten Lockdown im März 2020 in Deutschland und den meisten Ländern der Welt ist Reisen schwierig und teilweise unmöglich geworden. Und viele Menschen arbeiten bis heute im Homeoffice. Also haben sich schnell Meeting-Formate wie Zoom, Microsoft Teams, Webex, Adobe Connect oder andere etabliert, sodass die Menschen sich virtuell begegnen und austauschen können. Viele sind sich aber immer noch unsicher, wie sie diese Tools ideal nutzen und was es nun vor allem braucht, um souverän zu wirken und entsprechend zu präsentieren. Daher war es mir ein großes Anliegen, dieses Kapitel in meiner Neuauflage zu ergänzen.

Außerdem bitte ich zu beachten, dass in der ersten Auflage die Genderisierung – also die geschlechtergerechte Sprache – noch kein Thema war. So habe ich mich damals zugunsten der Einfachheit für die männliche Form entschieden. Natürlich richte ich mich damals wie heute auch an alle weibliche und diversen Menschen. Ich habe die folgenden Seiten bewusst in lockerem Tonfall gehalten, so wie ich auch mit meinen Teilnehmern spreche.

Ich wünsche dir, dass dir dieses Buch hilft, dich inspiriert, unterstützt und anregt zu fühlen, dich besser wahrzunehmen. Und ich wünsche dir, dass es dich gut unterhält, zum Nachdenken bringt und auch zum Lachen.

Alles Liebe von Herzen,

Margit

Jeder Mensch wirkt – Die Frage ist nur: wie?

Jeder Mensch erzielt eine Wirkung – immer. Die Frage ist nur, welche? Und wie kann ich diese Wirkung steuern und beeinflussen? Das schauen wir uns in diesem ersten Kapitel an.

Meine Seminare und Coachings beginne ich immer mit einer Video-Analyse: Jeder Teilnehmer darf sich am Anfang kurz vorstellen. Diese Selbstvorstellung filme ich direkt. Das gemeinsame Sichten des Videos dient als Basis der Analyse und des weiteren Verlaufs des Coachings oder Seminars.

Folgende Fragen dienen den Teilnehmern für die Vorbereitung ihrer Vorstellung als Orientierung:

1. Wer bin ich? (Name, Alter, Beruf, Hobbys, Karriere und was sonst noch wichtig ist)
2. Wo komme ich her? (Geburtsort, Wohnort, beruflich, räumlich, privat, große oder kleine Familie)
3. Wo will ich hin? (beruflich, räumlich, privat)

4. Was mache ich hier? (in diesem Coaching/Training, an diesem Ort/Wohnort, in diesem Beruf)

Fangen wir bei Punkt 1 an: Wer bin ich? Viele stellen sich vor die Kamera und beginnen mit: "Mein Name ist ..." oder „Ich heiße ...". Die Antwort ist in Ordnung, viele Menschen machen das und es ist uns vielleicht auch so anerzogen worden. Aber meine Frage lautete ja: „Wer bin ich?" Wir sind so viel mehr als unser Name! Unser Name ist nur ein Fragment, ein winzig kleiner Teil von uns. Wenn wir uns vorstellen mit „Ich bin ..." ist das viel stärker – viel mehr von „uns", denn hier schwingt der ganze Mensch mit, der wir sind. Mit all unseren Erfolgen und Erfahrungen, unseren Wünschen und Träumen, aber auch unseren Ängsten und Sorgen. Zu sagen „Ich bin ..." hat also immer eine viel stärkere Wirkung. Probiere es doch einfach beim nächsten Mal aus, wie es sich für dich anfühlt, wenn du dich in einer Runde vorstellen darfst.

Wo komme ich her? Wo will ich hin? Was mache ich hier? Das sind essenzielle Fragen und die Art und Weise, wie diese beantwortet werden, sagen schon sehr viel über den jeweiligen Menschen aus. Hier schaue ich mir genau den Inhalt, die Körpersprache und die Stimme an. Ich nehme selbst Mikrobewegungen wahr und kann darin viel erkennen.

Wenn wir die Videos gemeinsam anschauen, geschieht dies natürlich sehr wohlwollend. Mir ist es wichtig, dass sich meine Teilnehmer bei mir aufgehoben und geborgen fühlen. Nur so können wir uns öffnen für den weiteren Prozess der Wahrnehmung, für das Sich-seiner-selbst-bewusst-Werden und für den Veränderungsprozess, der dann beginnen kann – innerlich wie äußerlich, von den Techniken her wie auch mental.

Es gibt bei mir kein „falsch“ und kein „schlecht“. Es gibt nur „wirkt schon“ oder „wirkt noch nicht“, „gefällt“ oder „gefällt noch nicht“. Denn so geht es später auch unserem Publikum: Es gibt immer Menschen, denen gefällt, was wir machen. Und es gibt immer Menschen, die wir damit nicht erreichen. Wichtig ist, dass wir uns nicht verbiegen, sondern so sein dürfen, wie wir sind. Jeder von uns hat von Anfang an eine individuelle Art zu kommunizieren. Es geht einfach darum, dass wir uns darüber bewusst werden, welche Wirkung wir damit erzielen. Erst dann können wir anfangen, Dinge zu verbessern und zu optimieren.

Um eine ideale Grundlage für die Wirkung der Rhetorik zu schaffen, bin ich mit meinen Recherchen weit in die Vergangenheit gereist und bei Aristoteles gelandet.

Aristoteles (384 bis 322 v. Chr.) war ein griechischer Universalgelehrter. Er gehört zu den bekanntesten und einflussreichsten Philosophen und Naturforschern der Geschichte.

Sein Werk „Rhetorik“, das er wohl um 340 v. Chr. verfasst hat, ist der erste groß angelegte Versuch der Geschichte, die Redekunst systematisch zu durchdenken.

Wie schon gesagt, wird mein Buch keine wissenschaftliche Abhandlung sein, aber einen Impuls, den er gegeben hat, nehme ich gerne in meinen Coachings und Trainings mit auf.

Was also ist Rhetorik? Für Aristoteles ist Rhetorik etwas völlig Natürliches und Normales. Etwas, das jeder Mensch automatisch nutzt. Denn jeder Mensch will überzeugen, etwas begründen. In seinen Augen agiert jeder, der kommuniziert, rhetorisch. Also auch du. Schon immer! Nun ist aber die Frage, was kannst du tun, um noch mehr Wirkung zu erzielen und deine Wirkung vor allem bewusst zu steuern. Denn wir wirken immer! Die Frage ist nur: wie? Und wollen wir so wirken, wie wir aktuell wirken?

Was möchtest du mit deiner Rhetorik bewirken? Also mit deiner Rede oder Ansprache? Möchtest du überzeugen? Verkaufen? Begeistern? Informieren? Emotionalisieren? Und was braucht es jetzt, um diese Wirkung zu erzielen?

Was für Aristoteles wichtig war, waren unter anderem diese drei Aspekte:

1. Der Charakter (ethos) des Redners – also seine Glaubwürdigkeit (die wiederum beeinflusst, ob uns die Zuhörer vertrauen)

2. Die Gefühlslage (pathos) der Zuhörer – also die Emotionen

3. Der Wortlaut (logos) der Rede: ZDF – Zahlen, Daten, Fakten – also der Inhalt bzw. Wortlaut

Auch wenn für Aristoteles der Wortlaut der Rede die inhaltlich größte Bedeutung hat, betont er, dass eine gute Rede auf das Zusammenspiel aller drei Faktoren basiert. Wenn der Redner also als unglaubwürdig oder bestechlich gilt oder sich die Zuhörer emotional gegen das Thema oder den Redner stellen, dann können die Argumente in der Rede noch so gut sein: Die Rede wird nicht funktionieren. Sie wird nicht die Wirkung erzielen, die der Redner oder die Rednerin gerne hätte.

Der Wortlaut der Rede ist für Aristoteles deshalb so bedeutend, weil er die beiden anderen Faktoren beeinflussen kann, wenn er auf sie Bezug nimmt.

Das ist für Aristoteles die hohe Kunst der Rhetorik.

Wie aber verteilen sich diese drei Aspekte heute? Wir leben in einer anderen Welt mit vielen verschiedenen Einflüssen und Möglichkeiten.

Ist Aristoteles heute also noch zeitgemäß? Ich finde absolut! Nur für mich ändert sich die Verteilung. Natürlich ist der Wortlaut wichtig. Natürlich wollen wir Zahlen, Daten und Fakten vermitteln. Aber wenn wir dazu zu wenig Emotionen nutzen und uns zu sehr auf den Inhalt konzentrieren, dann bleibt dieser nicht so leicht in Erinnerung.

Um das zu verdeutlichen, denke ich heute vor allem an eine berühmte Rede:

Und zwar an die weltberühmte Rede von Martin Luther King Jr. (1929 bis 1968), die er am 28. August 1963 in Washington vor mehr als 250.000 Menschen vor dem Lincoln Memorial gehalten hat: „I have a dream!"

Er hatte eine Rede vorbereitet, bei der die Menschen aber nicht so mitgegangen sind. Mit der ersten, geplanten Rede hat er sie emotional nicht erreicht. Und dann rief ihm die Gospelsängerin Mahalia Jackson dreimal zu: „Martin! Erzähl ihnen von deinem Traum!" Er spürte, dass nun der Moment gekommen war, die Menschen zu berühren und zu erreichen. Und so sprach er diesen inzwischen weltberühmten Satz: „I have a dream!" Allerdings ist das so ziemlich das Einzige, was die Leute heute zitieren. Wie ging die Rede denn weiter? Wer kann die nächsten Sätze zitieren? Wohl die wenigsten. Aber was war der Inhalt? Worum ging es ihm? Es ging ihm um die Bürgerrechte aller Amerikanerinnen und Amerikaner. Es ging ihm um die Aufhebung der Rassentrennung. Er träumte von Gleichheit und Gleichberechtigung.

Der Kern seiner Botschaft ist den Menschen heute also noch geläufig. Aber nicht mehr unbedingt der Wortlaut.

Es gibt noch weitere Reden, die so oder so ähnlich in Erinnerung geblieben sind. Beispielsweise die Rede von John F. Kennedy, die er am 26. Juni 1963 vor dem Rathaus Schöneberg in West-Berlin hielt. „Ich bin ein Berliner!" An diesen Ausspruch können sich viele noch erinnern. Aber was hat er denn noch gesagt? Und warum erinnern wir uns oft nur noch an diesen Satz?

Ich möchte hier nicht weiter ins Detail gehen, aber dennoch verdeutlicht es, dass oft mehr die Umstände und Emotionen in Erinnerung bleiben und nicht der komplette Inhalt und Wortlaut.

Eine ideale Verteilung der Wirkung ist daher von mir wie folgt zu empfehlen:

10 % Ethos (Glaubwürdigkeit/Vertrauen)

65 % Pathos (Emotionen)

25 % Logos (Zahlen/Daten/Fakten)

Das sind natürlich nur ungefähre Richtwerte, denn wie willst du das in deiner Vorbereitung aufs Prozent genau planen? Es dient dir zur Orientierung. Und dann kommen natürlich noch Äußerlichkeiten dazu, die die Zuschauer*innen ablenken können. Wie beispielsweise dein Äußeres.

Ein Beispiel:

Stell dir vor, du besuchst eine Veranstaltung und der Moderator/die Moderatorin oder Redner/Rednerin kommt auf die Bühne. Das Erste, was wir wahrnehmen, ist das, was wir sehen: die Kleidung, Frisur, eventuell Schmuck, Körperhaltung und Gestik sowie die Mimik. Alles, was wir sehen, nehmen wir erst einmal sehr stark wahr – es wird gescannt, im Kopf sortiert und meist auch noch kommentiert oder bewertet. Im Fernsehen ist das meist noch stärker als in Wirklichkeit, weil der Bildausschnitt kleiner ist und ich mich nur auf die Person konzentriere, die ich sehe. Nun beginnt die Person, die wir sehen, zu sprechen. Zunächst einmal hören wir also eine Stimme und auch hier wird sofort wieder automatisch von uns sortiert: Ist die Stimme hell oder dunkel, laut oder leise, hat die Stimme eine angenehme Frequenz? Weiter geht es (das alles geschieht in wenigen Sekunden!): Wie ist die Sprache? Schnell oder langsam, verständlich oder genuschelt, in meiner Sprache oder einer anderen, mit Dialekt oder ohne? Wenn ich einen Dialekt erkenne, wo ist der her? Vielleicht aus meiner Heimat? Und so denke ich dann weiter und weiter und höre inhaltlich nicht mehr zu.

Beobachte dich einmal selbst, wenn du andere Menschen auf der Bühne oder im TV erlebst. An wie viel von dem, was gesagt wird, kannst du dich danach noch erinnern?

Man könnte an dieser Stelle verzweifeln und denken: „Dann kommt es ja auf den Inhalt gar nicht mehr an, weil der quasi keine Wirkung hat!“ Wenn wir den jeweiligen Inhalt einfach nur sprechen, ohne Gestik und Mimik, ohne Stimm-Modulation und Spannung, ohne Atmung und Empathie, dann hat der Inhalt in der Tat kaum eine Chance, Wirkung zu erzielen oder gar im Gedächtnis zu bleiben. Jetzt kommt die gute Nachricht: Wenn du deine Körpersprache (Gestik/Mimik) und deine Stimme/Sprechtechnik mit dem Inhalt, um den es dir wirklich geht, authentisch verknüpfen und einsetzen kannst, dann hat der Inhalt eine echte Chance, 100% Wirkung zu erzielen und somit nachhaltig im Kopf deiner Zuhörer zu bleiben!

Genau darum sind wir hier, genau darum hältst du dieses Buch in der Hand, damit wir uns diese Dinge anschauen und du sie in Zukunft *bewusst* verändern und steuern kannst.

Deine Körpersprache

Über die Körpersprache sind viele gute Bücher geschrieben worden. Ich möchte daher ihren Inhalt hier nicht wiedergeben. In Bezug auf deinen souveränen Auftritt vor großem wie vor kleinem Publikum – auch im Zweiergespräch mit Kunden oder Freunden! – ist für dich vor allem wichtig zu wissen:

Dein Körper spricht immer. Und dein Körper spricht immer die Wahrheit. Er kann nicht lügen.

Der Körper ist unser Zuhause, denn ohne Körper wären wir nicht als Menschen auf dieser Welt. Der Körper ist unser bester Freund und er hilft uns, zu leben. Vieles von dem, was unser Körper permanent für uns tut, merken wir gar nicht, weil wir manche Funktionen nicht bewusst steuern, wie beispielsweise den Herzschlag, die Verdauung, das Wachsen der Haare und Nägel usw. Auch viele Reflexe können wir nicht bewusst steuern, beispielsweise den Schutz-Reflex, wenn wir stolpern und versuchen, uns aufzufangen.

Unser Körper ist außerdem unser Sprach-Organ, bevor wir die verbale Sprache lernen. Das bedeutet, wir lernen Körpersprache von Grund auf. Daher verwenden wir sie auch intuitiv und selten bewusst, bis wir anfangen, uns damit zu beschäftigen.

Wenn ich mir die Körpersprache der Menschen anschaue, die ich begleite, ist es mir immer ein Anliegen, jeder einzelnen Persönlichkeit Mut zu machen: Ein Klient von mir kam aus Italien. Er verwendete fast keine Gestik. In der Videoanalyse konnten wir beide sehen, dass seine Arme und Hände immer mal wieder zuckten. Also habe ich ihn gefragt, warum er denn so wenig Gestik einsetzen würde, und er antwortete mir, dass ihm gesagt worden sei, er würde zu viel fuchteln. Seitdem hat er sich nicht mehr getraut, etwas zu machen. Es gibt aber einen großen Unterschied zwischen Fuchteln und konkreter Gestik, die aktiv und zielgerichtet eingesetzt wird. Bei der nächsten Videoaufnahme durfte er einfach mal wieder frei gestikulieren. Er blühte sichtlich auf, weil er endlich wieder frei sein konnte! Seine Gestik war einfach lebendig. Natürlich haben wir dann begonnen, hier und da ein wenig an seinem Auftreten zu feilen. Aber er war schon jetzt so viel mehr „er“! Eine tolle Erfahrung für uns beide.

Was kannst du daraus lernen? Vor allem, dass es wichtig ist, du selbst zu sein. Es gibt immer Menschen, denen du gefällst, so wie du bist, und es gibt immer Menschen, denen du nicht gefällst. Für ein ruhigeres Gemüt und einen langsameren Menschen ist jemand auf der Bühne, der schnell und impulsiv ist, sicherlich anstrengender zu erleben. Aber das bedeutet nicht, dass die Performance dieses Menschen schlecht ist.

Ob es jemandem gefällt, was du tust, oder nicht, ist immer Geschmackssache. Doch wenn du dich verbiegst, um denen zu gefallen, denen du noch nicht gefällst, dann verlierst du die, denen du bisher gefallen hast! Wenn du so bist, wie du bist, dann können die, denen du nicht gefällst, möglicherweise aber anerkennen, dass du wenigstens authentisch bist. Woran du aber auf jeden Fall arbeiten kannst ist, Wirkung zu hinterlassen. Einen bleibenden Eindruck in der Erinnerung der Menschen. Und idealerweise auch die Quintessenz deiner Botschaft - das, worum es dir wirklich geht. Dann hast du schon viel erreicht.

Ich möchte dir noch ein Beispiel dafür geben, dass unser Körper immer die Wahrheit spricht. Auch dann, wenn wir es nicht bewusst merken. Unser Körper ist dazu da, uns in allem zu unterstützen. Er reagiert zum Beispiel auch auf Aussagen, die für uns nicht stimmig sind: Wenn wir etwas sagen, das so nicht stimmt, dann reagiert unser Körper und das ist oft sichtbar und spürbar. Für erfahrene Körpersprachler auf jeden Fall und für den nicht geschulten Zuschauer stellt sich zumindest das Gefühl ein, dass etwas nicht stimmt – nicht stimmig ist.

Ein Beispiel aus meinem Seminar: Eine Teilnehmerin erzählte in ihrer Selbstvorstellung in die Kamera, dass sie durch ihren neuen Job und das Pendeln zur Arbeit und zu ihrem Wohnort nun keine wirkliche Zeit mehr hat, weiter zu singen. Was einerseits schade war, weil es ihr immer Spaß gemacht hat. Aber das wäre nun eben so und würde jetzt auch nichts machen. Dabei kratzte sie sich am Hals.

Der Kopf- und Halsbereich steht für das Kopfdenken, für den Verstand. Das Kratzen am Hals sollte sozusagen wachrütteln und der Körper wollte ihr damit sagen: „Stopp, Moment mal! Das macht mir nichts? Und ob mir das was macht. Es fehlt mir! Ich liebe Singen!"

Spannend war jetzt ihre Reaktion, als wir das Video gemeinsam anschauten und ich ihr zeigen konnte, was sie da gemacht hatte. Ihr kamen ganz spontan die Tränen, weil sie nun spürte, dass es ihr sehr wohl etwas ausmacht und ihr das Singen sehr fehlt. Jetzt hatte sie die Chance, entsprechend zu handeln. Inzwischen singt sie immer sonntags ...

Dein Körper sagt die Wahrheit. Selbst wenn du verbal etwas anderes sagst als die Wahrheit, dann reagiert dein Körper entsprechend.

Was kannst du tun, wenn du in einer Präsentation eine unangenehme Entscheidung deiner Firma vertreten sollst und es nicht deine Entscheidung ist, du möglicherweise damit gar nicht einverstanden bist und es dennoch präsentieren sollst? Dann sprich als Sprachrohr der Firma. Distanziere dich innerlich davon und formuliere die Aussage folgendermaßen: „Aus Sicht der Firma ... hat die Geschäftsführung entschieden ..."

Was, wenn du selbst Geschäftsführer bist und vielleicht unangenehme Neuigkeiten zu verkünden hast? Dann verkünde deine Botschaft mit echtem Mitgefühl und sanften einleitenden Worten. Wir können es nie allen Menschen recht machen, aber wir können bei allem, was wir tun, einfühlsam, wohlwollend, würdigend und wertschätzend vorgehen. Ich nenne diese drei Attribute unserer Kommunikation die drei „margitschen" Ws. Im nächsten Abschnitt gehe ich genauer darauf ein.

Hier kannst du dir dazu auch einen Video-Impuls von mir anschauen:

Körpersprache: https://youtu.be/AiA-3W6nKS8

Die drei „margitschen" Ws

In meinen Seminaren nenne ich diese drei Punkte die „magischen" Ws. Die Teilnehmer in einem meiner Seminare haben sie während einer Pause am Flipchart in die „margitschen" Ws umgetauft. Das gefiel mir so gut, dass ich es übernommen habe.

Die drei „margitschen“ Ws haben eine starke positive Wirkung auf unser Gegenüber - und auf uns selbst sowieso. Die drei Ws stehen für die Eigenschaften:

1. würdigend
2. wertschätzend
3. wohlwollend

Was bedeutet, würdigend, wertschätzend und wohlwollend zu kommunizieren?

Würdigend:

hierzu findet man im Duden folgende Definition: jemandes Leistung, Verdienst, den Wert einer Sache erkennen und in gebührender Weise lobend hervorheben.

Wertschätzend:

hoch achten; respektieren, anerkennen oder wörtlich: den Wert zu schätzen wissen.

Wohlwollend:

im wahrsten Sinne jemandem Wohl wollen (also etwas Gutes wollen).

Wenn wir so miteinander kommunizieren und auch so unsere Vorträge und Reden gestalten, dann hören uns die Menschen gerne zu und wir fühlen uns rundum wohl dabei.

Deine Mimik

Der Gesichtsausdruck ist im Wesentlichen die Kontraktion der mimischen Muskulatur. Laut Wissenschaft gibt es etwa 3000 Variationen. 3000 verschiedene Gesichtsausdrücke wirst du in der Regel nicht zeigen, aber du hast ganz viele verschiedene Muskeln und Nerven im Gesicht, die sich vielfältig einsetzen lassen. Wie die Körpersprache ist unsere Mimik ein sehr spannendes Feld. Auch hier fehlt uns oft das Bewusstsein für ihre Wirkung. Hast du es auch schon erlebt, dass du ganz entspannt eine Straße entlangläufst und einer Person begegnest, die du kennst? Diese Person spricht dich an und fragt dich: „Ist alles okay bei dir?" Du antwortest: „Ja klar, alles bestens. Warum fragst du?" Und dein Gegenüber sagt: „Du siehst so traurig/müde ... aus. Da habe ich mir Gedanken gemacht." Du wunderst dich, denn du fühlst dich wirklich gut. Du kannst gar nicht verstehen, was der andere gerade gesagt hat. Woran liegt das? Es liegt daran, dass wir unsere Mimik oft nicht bewusst einsetzen und daher nicht wissen, wie wir nach außen wirken.

Im Rahmen meiner Schauspiel-Ausbildung habe ich an mehreren Kamera-Acting-Workshops teilgenommen und in einem der Workshops eine sehr spannende Erfahrung gemacht. Aufgabe war, dass wir uns jeweils mit einem Spielpartner gegenübersetzen. Einer von uns bekam einen Handspiegel. Die Aufgabe lautete so: „Setze dich ganz entspannt hin und schließe die Augen. Und nun denke einfach nur daran, einen neutralen Gesichtsausdruck zu zeigen. Bewege keine Muskeln im Gesicht, sei wirklich ganz locker. Dein Gegenüber beobachtet dich dabei und sagt dir später, was für einen Eindruck er von dir hat, wie du nach außen gewirkt hast. Wenn du die Augen aufmachst, verändere nichts am Gesichtsausdruck. Bleib genau so wie mit geschlossenen Augen. Dann schau dein Gegenüber an und blicke anschließend zur Kontrolle in den Handspiegel."

Das Ergebnis war verblüffend! Denn wir sahen alle entweder traurig oder grimmig aus. Keiner von uns hatte einen Gesichtsausdruck, der nach außen hin wirklich einfach nur entspannt und neutral wirkte!

Dann führten wir die Übung weiter: Nun war die Aufgabe, dass wir ein ganz leichtes Lächeln aufsetzen sollten. Wieder erst mit geschlossenen Augen, dann mit Blick zum Spielpartner und in den Spiegel. Hier war der Ausdruck auch wieder anders als erwartet: Statt eines leichten, sichtbaren Lächelns sahen wir nun alle entspannt aus.

In der nächsten Runde haben wir noch mehr gelächelt. So, dass wir schon wirklich das Gefühl hatten, dass wir grinsen. Jetzt war ein leichtes Lächeln nach außen sichtbar.

Was bedeutet das für dich? Um ein wirklich großes Lächeln zu zeigen, bedarf es noch größerer Anstrengung! So, dass du das

Gefühl hast zu grinsen wie das sogenannte Honigkuchenpferd.

Vielleicht hast du schon einmal die Erfahrung gemacht, beim Blick auf Fotos überrascht zu sein, weil du dachtest, du würdest lächeln - und es war aber gar nicht sichtbar. Übe die Wirkung deiner Mimik, probiere es mal mit einem Partner und einem Spiegel aus!

Einer meiner Teilnehmer fragte mich kürzlich in meinem Seminar, wie lange er denn grundsätzlich üben müsse, um seine Mimik bewusster einzusetzen. Zum einen ist mir sehr wichtig, an der Stelle zu betonen: Du musst gar nichts. Es ist ja immer alles freiwillig. Die Frage ist also eher, wie viel Übung du benötigst, um ein Gefühl für deine Mimik zu haben. Das kommt natürlich immer darauf an, wie bewusst du dir deiner selbst schon bist und wie viel du üben möchtest. Ich habe es mir einfach angewöhnt, in der Öffentlichkeit bewusst auf einen freundlichen Gesichtsausdruck zu achten. Wenn ich spüre, dass ich beobachtet werde oder im Fokus bin, dann ist es mir wichtig, dass ich eben nicht traurig oder müde aussehe, sondern freundlich und entspannt.

Denk an die vielen Muskeln, die du zur Verfügung hast, und an all ihre Variationen. Oder statt rein technisch an deine Mimik-Muskeln zu denken, denk doch einfach an etwas Schönes! Etwas, das dich automatisch zum Lächeln bringt. Das funktioniert auf jeden Fall – und deine Muskeln folgen deinen schönen Gedanken automatisch.

Auch hierzu habe ich einen Video-Impuls für dich gemacht:

https://youtu.be/XM5u9OE7cl8

Die Kleiderfrage: was anziehen?

Kleidung kann unsere Wirkung toll unterstreichen oder sie total zunichtemachen. Denn auch hier gilt: Kleidung wirkt immer – die Frage ist nur: wie?

Hier für dich einige Tipps, die mir selbst in der Vorbereitung auf meine Auftritte helfen. Ganz wichtig ist:

1. Trage nur Kleidung, in der du dich gut und selbstsicher fühlst.
2. Achte darauf, dass die Kleidung den Anforderungen bzw. dem Anlass entspricht.

Viele Menschen unterschätzen die Wirkung, die die Kleidung auf uns selbst hat. Fühle ich mich wohl in dem, was ich trage, oder fühle ich mich verkleidet? Habe ich das Gefühl, die Kleidung sitzt zu eng oder zu locker? Die Schuhe drücken? Wenn du dich in deinem Outfit nicht wohl fühlst, dann kannst du auch keinen souveränen Eindruck hinterlassen!

In einem meiner Seminare war das der Hauptgrund für Lampenfieber bei einer Teilnehmerin: Inhaltlich fühlte sie sich fit, kompetent und souverän, aber dennoch fühlte sie sich nicht wohl. Sie erkannte selbst, dass es an ihren Outfits lag. Sie fühlte sich immer verkleidet und hatte so das Gefühl, nicht sie selbst sein zu können.

Wohlfühlen ist das A und O. Gleichzeitig ist abzuwägen, inwiefern mein Wohlfühl-Outfit auch noch dem Anlass gerecht wird. Im Zweifel empfehle ich immer, mit einer Stylistin oder einem Stylisten zusammenzuarbeiten. So bist du dir in jedem Fall sicher, dass dein Outfit stimmt, und kannst deine Vorbereitungen und deine Konzentration wieder auf deine Inhalte, auf deine Botschaft, richten.

Ich selbst engagiere vor wichtigen Auftritten immer meine Stylistin. Glücklicherweise ist sie seit einigen Jahren auch meine treue Begleiterin und sehr enge Freundin: Anett Wierz. Anett kennt sich wirklich in der Branche aus, hat jahrzehntelange Erfahrung und ich empfehle sie besten Gewissens. Anett ist in Sachen Styling meine beste Beraterin. Sie ist sehr einfühlsam, aber auch sehr konsequent und direkt. Sie arbeitet für Fashion-Shootings ebenso wie für Privat- oder Firmenkunden. Anfangs ist sie sogar mit mir durch meinen kompletten Kleiderschrank gegangen und hat alles ausgemistet, was einfach nicht mehr zeitgemäß war oder nicht zu mir, meinem Typ oder meiner Figur gepasst hat. Insgesamt haben wir drei blaue Müllsäcke mit aussortierter, aber noch guter Kleidung zur Kleiderkammer gefahren. Und dann sind wir erst mal einkaufen gegangen! Das war ein echtes Erlebnis und hat mein Selbstwertgefühl enorm gesteigert. In der Zeit danach bin ich nur noch mit ihr einkaufen gegangen. Inzwischen habe ich selbst ein gutes und sicheres Gefühl dafür, was zu mir passt und worin ich mich wohlfühle. Ich weiß, in welchen Geschäften und bei welchen Marken ich fündig werde, welche Farben und Schnitte zu mir passen, die meinen Typ und meine Figur unterstreichen.

Eine Farb- und Stilberatung empfehle ich dir daher in jedem Fall. Wichtig ist, dass die Stilberaterin oder der Stilberater zu dir passt. Es ist ja ein Vertrauensverhältnis und wir öffnen im Endeffekt nicht nur unseren Kleiderschrank. Schau mal bei Anett auf die Website und wenn es passt - dann viel Spaß beim Shoppen! Du findest sie auf:

www.soa-am.com

Hier für dich noch ein paar generelle Tipps zum Thema Kleiderfragen, die ich in Abstimmung mit Kameraleuten und Filmproduktionen für dich zusammengetragen habe:

Wichtig:

- Trage nur Kleidung, in der du dich gut und selbstsicher fühlst.
- Achte darauf, dass die Kleidung den Anforderungen bzw. dem Anlass entspricht.
- Blazer und Hemden/Blusen sehen immer gut aus.
- Der Hemdsärmel-Saum sollte immer einen Tick länger sein als der Ärmel des Blazers (das schont den Saum des Blazers und sieht gut aus).
- Gegen Schweißflecken kannst du dir Achselpads in den Blazer kleben (gibt's im Drogeriemarkt oder im Internet) Mein Tipp: Ich verwende immer Slipeinlagen oder Damenbinden – sind günstiger und erfüllen auch ihre Zwecke.

- Für die Ladys:
    - Röcke mindestens knielang (bedenke, dass der Saum noch nach oben rutschen kann, vor allem wenn wir sitzen)
    - Ausschnitte angemessen (zu tiefe Ausschnitte lenken ab)
    - gerne die Arme und Schultern bedeckt, denn auch das kann ablenken

Bitte vermeiden (vor allem bei Drehs):

- Schals oder Rollkragen-Pullover – damit siehst du eher krank/erkältet aus und du möchtest ja kein Mitleid von deinem Publikum; außerdem wird dir sowieso schnell warm, wenn du präsentierst. Und im Studio ist es auf jeden Fall schon alleine wegen der Lampen sehr warm.
- Schwarz (ist die Farbe der Abgrenzung)
- reines Weiß (ist fürs Bild schwierig)
- wild gemusterte Outfits
- kleine Karos/Rauten, Streifen oder kleine Stoffstrukturen
- grüne Farbe (ungünstig z. B. beim Dreh im Studio im sog. Greenscreen)
- große Logos/Marken
- großer und klimpernder Schmuck (Armreifen, Ketten etc.), lenkt auch ab und stört den Ton

Bitte beachte:

- Bringe zu einem Dreh immer mindestens zwei bis drei alternative Outfits und passende Schuhe mit, denn dein Outfit wird in der Regel mit den anderen Studiogästen bzw. dem Gastgeber abgestimmt. Falls es zu Überschneidungen kommt, bist du mit einer Auswahl auf der sicheren Seite.

In der Regel stehen dir bei Dreharbeiten oft Stylisten zur Verfügung oder die Regie unterstützt dich mit deiner Kleiderwahl im Vorfeld und spätestens vor Ort.

So gelingt dein Einstieg optimal

Der Einstieg in deinen Auftritt stellt die direkte Verbindung zu deinem Publikum und deinem Thema her. Wenn du gleich zu Beginn in deinem Thema bist, dann bist du voller Energie und in deinem Element. Wie kannst du das gestalten? Entscheidend ist der „Opener“ - die Eröffnung, die ersten Worte.

Hier sind neun Varianten, mit denen du deinen Einstieg optimal gestalten kannst:

1. ein Erlebnis auf dem Weg zur Veranstaltung
2. eine Begebenheit, die mit der Veranstaltung zu tun hat
3. eine Frage an das Publikum
4. eine Statistik zum Thema
5. ein Zitat
6. eine Anekdote
7. ein Film/Trailer (30-60 Sekunden)
8. ein Bild/Foto
9. Musik

1. Ein Erlebnis auf dem Weg zur Veranstaltung

Für die Moderation der Bühnenshow auf der Hochzeitsmesse in Gelnhausen hatte ich mir ein schönes und, wie ich fand, passendes Zitat herausgesucht: „Liebe besteht nicht darin, dass man einander ansieht, sondern dass man gemeinsam in die gleiche Richtung blickt." (Antoine de Saint-Exupéry, frz. Flieger und Schriftsteller) Dieses Zitat hatte ich allerdings schon im Vorjahr verwendet und hätte gerne was Neues gefunden. Nicht unbedingt für die Besucher und Gäste, denn aufgrund des Themas Heiraten kommen ja jedes Jahr neue Gäste, sondern auch für mich, für die Aussteller und natürlich auch für den ein oder anderen Wiederholungstäter. Auf dem Weg nach Gelnhausen stellte ich das Radio an, um Musik zu hören. Da sagte die Radiomoderation: „Guten Morgen, liebe Hörerinnen und Hörer. Heute dreht sich bei uns in der Sendung alles um das Thema Zitate. Das folgende Zitat ist von Wilhelm Busch: ‚Wer an die Liebe glaubt, den wird sie finden.'"

Wie genial!, dachte ich. Ich hatte mein neues Zitat. Das konnte ich genau so in meine Anmoderation mit aufnehmen: „Guten Morgen, liebe Besucherinnen und Besucher, liebe Ausstellerinnen und Aussteller, liebe Gäste! Heute Morgen auf dem Weg nach Gelnhausen habe ich im Radio ein Zitat von Wilhelm Busch gehört. Das ging so: ‚Wer an die Liebe glaubt, den wird sie finden.' Wie wundervoll passend! Denn Sie sind heute alle hier, weil Sie an die Liebe glauben und weil die Liebe Sie gefunden hat! Sie bereiten sich auf den wichtigsten und schönsten Tag in Ihrem Leben vor und dazu finden Sie hier auf der Messe alles, was Sie sich wünschen: das Traum-Brautkleid, die passende Musik,

Catering und Cocktails und vieles, vieles mehr. Und damit herzlich willkommen zur Hochzeitsmesse in Gelnhausen – schön, dass Sie da sind! Ich bin Margit Lieverz und habe die große Freude, Sie heute durch den Tag begleiten zu dürfen!"

So einfach kannst du ein Erlebnis auf dem Weg zur Veranstaltung in deinen Einstieg einweben.

2. Eine Begebenheit, die mit der Veranstaltung zu tun hat

Die Veranstaltung ist vielleicht ein Folge-Event und hat schon einmal stattgefunden. Dann kannst du dich auf das Event im vergangenen Jahr beziehen und erzählen, was daran so besonders war und was dieses Jahr neu ist. Oder: Du hast jemanden vor der Veranstaltung kennengelernt oder wiedergetroffen, hattest ein spannendes Gespräch und nimmst dies zum Einstieg als Idee mit auf die Bühne. Lass deiner Kreativität freien Lauf. Je spontaner, desto spannender für dich und dein Publikum!

3. Eine Frage ans Publikum

Eine Frage ist eine wunderbare Möglichkeit, dein Publikum gleich zu Beginn kennenzulernen. Sind die Zuschauer im Thema drin? Wie gut kennen sie sich aus? Sind sie bei dir? Sind sie wach und aufgeweckt oder nach der Mittagspause eher müde? Je nachdem was als Antwort kommt, kannst du entsprechend reagieren.

Ein Beispiel. Stelle die Frage (passend zu deinem Thema):

„Wer von Ihnen hat schon mal ein Rhetorik-Seminar besucht?"

Zeige deinen Zuhörern, wie sie sich melden sollen. Heb selbst die Hand auf der Bühne. Kommentiere, was du siehst. Die Menschen, die in der ersten Reihe sitzen, drehen sich ungern um, um zu sehen, was hinter ihnen vorgeht. Sage zum Beispiel: „Immerhin, die Hälfte war schon mal auf einem Rhetorik-Seminar!“ Frage weiter: „Wer von denen, die bereits ein Rhetorik-Seminar besucht haben, fand es toll? Bitte die Hand heben.“ Kommentiere, was du siehst: „Nur ein Viertel fand es toll? Das kann ich gut verstehen! Mein erstes Rhetorik-Seminar während des Studiums fand ich auch gruselig, daher machen wir es gemeinsam anders. Herzlich willkommen zu meinem Freisprecher-Kurs! Ich freue mich, dass Sie dabei sind. Ich bin Margit Lieverz ...“ Schon bist du im Thema und hast viele im Publikum auf deiner Seite.

Du kannst auch fragen:

„Wer von Ihnen möchte gerne erfolgreicher im Job sein? Bitte mal die Hand heben!“

Und dann das gleiche Spiel wie oben: dein Publikum aktiv auffordern, sich zu melden. Kommentieren, was du siehst. Noch mal nachhaken und dann zu dir überleiten. Das funktioniert in ganz vielen Bereichen wunderbar.

Ganz begeistert war ich von der Einstiegsfrage der neuen Schulleiterin an der Grundschule unserer Tochter. Sie fragte zu Beginn ihrer Einschulungsrede: „Liebe Eltern, Großeltern, Verwandte, in Vorbereitung auf meine heutige Rede habe ich mal im Internet recherchiert, wie viele Einträge es zu dem Thema ‚Schule macht Spaß‘ gibt. Was meinen Sie? Wie viele Einträge gibt es?“ Da kamen unterschiedliche Antworten. Manche riefen 0, andere 10 oder ein paar Tausend. Sie hat es dann aufgelöst und gesagt: „Es sind über eine Million Einträge! Über eine Million! Und was bedeutet das für uns? Es ist wichtig, dass Schule Spaß macht, denn so lernen die Kinder am besten und mit Leichtigkeit. Das ist uns an unserer Schule auch sehr wichtig ...“ So waren wir alle im Thema drin und positiv eingestimmt, auch wenn manche Eltern vielleicht mal negative Erfahrungen mit Schule gemacht haben. (Übrigens habe ich gerade noch mal nachgeschaut: Inzwischen sind es über 1.880.000 Einträge zum Thema Schule macht Spaß. Das ist doch ermutigend, oder?)

4. Eine Statistik zum Thema

Du kannst auch mit einer Statistik zum Thema beginnen. Ein Beispiel: Du hältst einen Vortrag zum Thema Glück. Du findest möglicherweise Folgendes im Internet:

In einer Umfrage unter tausend Teilnehmern eines Glückskongresses wurde gefragt, welcher Faktor maßgeblich für das eigene Glück ist. Es konnten mehrere Antworten gegeben werden. Die Ergebnisse waren:

Gesundheit: 88 %, intaktes Elternhaus: 76 %, Arbeitsplatz: 55 %, Freude über Erfolge/Leistungen: 42 %, keine Geldsorgen: 31 %.

Diese Fakten kannst du für deinen Einstieg prima nutzen.

Die Daten zur Umfrage solltest du natürlich belegen können: Wer hat die Umfrage durchgeführt, wie viele Menschen haben daran teilgenommen etc. Nach der Nennung dieser Zahlen leitest du in dein Thema über.

Natürlich ist auch wichtig, wie du mit den Daten einsteigst und welche Zahlen für deinen Vortrag wichtig sind. Vielleicht betrachtest du nur drei Werte bzw. Zahlen, damit es für das Publikum verständlich und übersichtlich bleibt. Du kannst auch eine Frage mit einer Statistik verbinden. So bekommst du ein Gefühl dafür, wie gut sich dein Publikum schon im Thema auskennt.

Ein Beispiel: Ein Kunde von mir aus dem Energie-Bereich begann seinen Vortrag mit folgender Frage: „Was meinen Sie, wie viel Prozent der Haushalte in Deutschland, die Strom und Gas beziehen, haben noch nie ihren Anbieter gewechselt?"

Hier ist es wichtig, aktiv das Publikum aufzufordern gegebenenfalls zu raten, wenn sie die Antwort nicht wissen: „Seien Sie mutig – wenn Sie es nicht wissen, dann raten Sie einfach!" Dann arbeitest du mit den Antworten: „20 %? Nein, nicht ganz. Wer bietet mehr?" Wenn jemand dann 70 % sagt und das richtig ist, dann antworte: „Sie kennen sich gut aus, Sie wissen Bescheid. Genau, es sind 70 %! Was bedeutet das? Es bedeutet, dass es ein sehr großes Potenzial für potenzielle Wechsler gibt. Und genau das ist heute mein Thema: Ich zeige Ihnen, wie wir dieses Potenzial für uns optimal nutzen. Ich bin XY vom Unternehmen Z und freue mich sehr, dass Sie heute da sind …" Begründe also selbst, was die Zahlen bedeuten und was dies mit deinem Vortrag zu tun hat. Dann stellst du dich noch kurz vor und gehst direkt in dein Thema über. Du siehst: Ich beginne nie als erstes mit dem Satz: „Guten Tag, ich bin Margit Lieverz und führe Sie heute durch den Tag …“ Ich steige immer mit etwas ein, das interessant ist, zum Thema passt und mein Publikum direkt ins Thema führt!

5. Ein Zitat

Wenn es keine Statistik gibt und dir keine Frage einfällt, kannst du auch mit einem Zitat einsteigen. Zitate passen toll bei festlichen Anlässen wie Einweihungsfeiern, Neueröffnungen, Jubiläumsgalas oder auch Messen (wie bei mir die Hochzeitsmesse). Wichtig bei Zitaten ist, dass der Urheber des Zitats genannt wird. Sollte dieser nicht bekannt sein, dann erwähne, dass das Zitat von einem unbekannten Urheber ist. Natürlich kannst du auch eigene Zitate verwenden, die aus deiner Feder stammen. Außerdem ist es wichtig, das Zitat nicht einfach im Raum stehen zu lassen und gleich zur Begrüßung überzugehen, sondern eine Brücke zu deiner Begrüßung zu bauen: Warum hast du genau dieses Zitat verwendet, und was bedeutet es?

Ein paar Beispiele für dich:

1) Werkseröffnung:

Im April 2014 habe ich die Eröffnungsfeier eines neuen großen Fabrikgeländes in Castrop-Rauxel moderiert. Für die Begrüßung

fand ich vorher folgendes Zitat:
„Und jedem Anfang wohnt ein Zauber inne, der uns beschützt und der uns hilft, zu leben.“ Hermann Hesse (aus seinem berühmtem Gedicht „Stufen“). Das Spannende war, dass ich vorher vom Kunden erfahren hatte, dass sich beim Bau des Werkes kein Arbeiter verletzt hat. Das ist wohl bei einem so großen Projekt sehr ungewöhnlich. Und natürlich entstehen viele neue Arbeitsplätze und diese wiederum helfen den Menschen zu leben. Beides habe ich den Zuhörern nach meinem Zitat erzählt – als Begründung dafür, warum das Zitat so gut zum Anlass passt. Wenn du daher ein Zitat zum Einstieg verwendest, dann begründe auch, warum du dich dafür entschieden hast. Dies ist dann die Brücke zur eigentlichen Begrüßung.

2) Eröffnung der Messe Plaza Culinaria in Freiburg:

Hierbei habe ich mich für ein Zitat von Johann Wolfgang von Goethe entschieden. Folgendermaßen begann ich: „Schon der gute alte Goethe wusste: ‚Kein Genuss ist vorübergehend, denn der Eindruck, den er hinterlässt, ist bleibend.’ Und dass hier auf der Plaza Culinaria für Sie ganz viele bleibende Eindrücke entstehen, das kann ich Ihnen versprechen, denn hier können Sie drei Tage lang schlemmen, schlendern, probieren, verkosten, sich Tipps in den Kochshows holen, ganz viel Inspiration für die eigene Küche und vieles, vieles mehr …“

Ein drittes Beispiel ist das Zitat zur Liebe, das mir die Radiomoderatorin, wie schon gesagt, auf dem Weg zur Hochzeitsmesse lieferte.

6. Eine Anekdote/Geschichte

Die Eröffnung meiner Moderation der Veranstaltung „Die Trainer der neuen Generation“ von Frank Reiss habe ich so begonnen.

„Es ist Samstagvormittag, zehn Uhr und Sie sitzen bei diesem herrlichen Frühlingswetter nicht etwa in Ihrem Garten, sondern hier im Hotel ...“ (Das Publikum schmunzelt.) „Und bevor wir so richtig beginnen, habe ich Ihnen eine Geschichte mitgebracht. Wer von Ihnen hat schon mal einen Flohzirkus gesehen oder schon mal davon gehört? Bitte mal melden.“ (Hier haben sich ein paar Leute gemeldet.) „Sehr schön, ein paar kennen sich schon aus. Und alle anderen: Sie haben doch bestimmt auch schon mal einen Floh gesehen, oder?“ (Auch hier haben sich einige gemeldet.) „Fein. Ein Floh ist ein winzig kleines, blutsaugendes Insekt, das das 200- bis 300fache seiner Körpergröße hochspringen kann. Das ist für den Floh sehr nützlich, denn so kommt er rasch von Tier zu Tier. Aber für den Zirkus ist das hinderlich. Denn so ist er ja gleich aus dem Geschehen rausgesprungen! Was macht man also, um einen Floh zu dressieren? Man packt die Tiere in eine kleine Dose, schraubt den Deckel drauf und lässt sie eine Weile da drin. Die Tiere stoßen sich jedes Mal bei einem Sprungversuch heftig den Kopf an. Da das jedes Mal wehtut und offensichtlich nichts bringt, lassen sie es irgendwann. Sie springen nur noch ein wenig. Wenn man jetzt den Deckel abnimmt, könnten sie ja wieder weiterspringen. Aber sie haben immer noch Sorgen, dass sie sich wieder den Kopf anstoßen, also lassen sie es einfach. Was hat das mit Ihnen zu tun, die Sie heute hier auf dieser Veranstaltung sind? Sie sind hier, weil Sie den Deckel schon abgenommen haben, aber noch nicht wissen, wie Sie jetzt wieder Ihr volles Potenzial ausschöpfen können! Oder Sie trauen sich noch nicht! Genau dafür haben wir heute Top-Trainer aus unterschiedlichen Bereichen eingeladen, die Ihnen im wahrsten Sinne der Worte wieder auf die Sprünge helfen. Und damit herzlich willkommen beim ‚Trainer der neuen Generation'. Schön, dass Sie da sind!"

Dies ist ein Beispiel dafür, wie du eine Geschichte zum Einstieg verwenden kannst. Es gibt unendlich viele Geschichten da draußen: Geschichten, die verblüffen, überraschen, zum Nachdenken anregen, glücklich machen und vieles mehr. Menschen lieben Geschichten. Also hab Mut und viel Freude dabei, deine Geschichten zu finden!

7. Ein Film/Trailer

Ein Film oder Trailer ist eine tolle Möglichkeit, dein Publikum sofort in dein Thema zu ziehen. Wenn im Film Musik vorkommt, sorgt er gleich für die richtige Stimmung. Wichtig ist hier, dass der Trailer nicht zu lang ist und du bald auf die Bühne kommst bzw. ins Thema einsteigst.

Kennst du die „Affenfaust"? Dieser Begriff wird oft im Verkauf verwendet. Eine Affenfaust ist ein kleines Geschenk, das den Kunden an dein Unternehmen bindet und das ihn instinktiv dazu bringt, sich bei dir für das Geschenk zu bedanken – und sei es im ersten Schritt nur durch seine Kontaktdaten. Auf einem Vortrag, den ich erlebt habe, zeigte der Referent den Ausdruck „Affenfaust" und seine Verbindung zur Verkaufsthematik (denn den Begriff gibt es auch noch in der Seglersprache) sehr deutlich an einem kurzen Video, in dem zu sehen war, wie man Affen fängt:

Man legt ein paar Nüsse oder ähnlich Essbares in ein Astloch eines Baumes. Gerade so, dass der Affe mit seiner Hand hineinfassen kann. Aus sicherer Entfernung schaut sich der Affe das an und ist natürlich neugierig. Wenn der Mensch sich nun entfernt, schaut der Affe in das Astloch und um die Nüsse herauszuholen, greift er in das Astloch und umschließt die Nüsse mit seiner Hand. Diese bildet nun eine Faust. Jetzt ist das Loch aber zu eng, um die Faust wieder herauszuziehen. Das ginge nur, wenn der Affe seine Beute loslässt und die Hand geöffnet wieder herauszieht. Aber dazu ist der Affe nicht bereit. Selbst wenn sich der Mensch nun dem Affen wieder nähert und ihn schließlich festhält, lässt der Affe in der Regel anfangs nicht los. Die Überleitung des Referenten war: So ist das auch mit kleinen Geschenken und Ködern, die wir für unsere Kunden „auslegen".

Natürlich kannst du, statt diese Hintergründe als Video zu zeigen, sie auch als Anekdote oder als Geschichte erzählen oder das Publikum fragen, was eine Affenfaust ist. (Die Segler unter den Teilnehmern werden dir dann etwas von einem Knoten erzählen.) Aber wenn du ein Video dazu hast, dann zeige es gerne. Menschen lieben Filme und ich habe das Bild bzw. Video bis heute im Kopf.

8. Ein Bild/Foto

Wenn es ein Bild oder Foto gibt, das dein Thema gut auf den Punkt bringt, dann beginne damit. Du kannst auch vor Beginn deines Vortrags ein Bild auf ein Flipchart malen – sogar während das Publikum dir dabei zuschaut und ohne dass du dabei etwas sagst. Das erhöht die Spannung und sorgt für Aufmerksamkeit! Ich habe auf einer Veranstaltung einmal eine Referentin anmoderiert, die einen Vortrag über Physiognomik gehalten hat. Sie hat ein gespiegeltes Portrait-Foto zu Beginn auf die Wand projiziert und dann damit begonnen, es zu erklären.

9. Mit Musik beginnen

Für die Boxfans unter uns: Wer schon mal einen Boxkampf gesehen hat, der weiß, dass jeder Boxer mit seiner eigenen Musik einläuft. Warum? Weil es ihn zum einen selbst motiviert und ihn stärkt – und es sorgt auch für Stimmung im Publikum sowie für einen speziellen Wiedererkennungswert. Auch manche Speaker spielen vor ihrem Auftritt ihre Lieblingsmusik ein, bevor sie auf die Bühne kommen. Wichtig ist, dass du dir eine Bühne für deinen Auftritt „bereitest“, dass dein Publikum Spaß hat, neugierig ist und du mit voller Energie auf die Bühne gehen kannst. Finde hier deinen ganz persönlichen Weg, um in deine Energie zu kommen, es soll ja echt und authentisch sein!

Was passiert, wenn du es nicht vorbereitest, mag ich dir gerne an einem eigenen Erlebnis berichten. Ich habe in München einen Abend-Gala moderiert. Zweisprachig auf Englisch und Deutsch vor ca. 650 geladenen Gästen. Ich wusste, dass auch eine Live-Band spielt, und bin davon ausgegangen, dass sie zu Beginn, bis die Gäste alle platziert sind, auch spielen wird.

(Tipp von mir an dich: Gehe nie von etwas aus. Erfrage alles, was dir wichtig ist, und kläre die Dinge vorher!) In diesem Fall habe ich erst vor Ort die Band gefragt, ob sie denn zu Beginn spiele, und sie sagte mir, dass sie erst nach meiner Eröffnungsmoderation spielen würden. Daraufhin habe ich mit dem Veranstalter gesprochen, ob man das denn umändern könne. Er aber wollte das nicht, was ich natürlich respektiert habe. (Heute kläre ich das in den Vorgesprächen.)

Also bin ich auf die Bühne gegangen, als der Zeitpunkt des Beginns gekommen war. Die Veranstaltung schloss sich übrigens an einen Messe-Tag an und die Gäste waren im regen Austausch miteinander. Viele hatten noch nicht Platz genommen und standen zwischen den Tischen, ins Gespräch vertieft. Dann kam ich auf die Bühne und fing an zu sprechen. Dabei war das Publikum noch nicht bereit für mich. Natürlich haben sie mich dann allmählich bemerkt und angefangen, Platz zu nehmen. Aber das meiste, was ich zu Beginn gesagt habe, ist garantiert untergegangen. Und für mich auf der Bühne hat es sich schrecklich angefühlt! Daher kläre ich inzwischen immer vorher, wie ich auftrete und was vor meinem Beginn geschieht. Es hätte auch gereicht, einen kleinen musikalischen Jingle zu spielen und per Durchsage die Gäste darauf hinzuweisen, dass es gleich losgeht nach dem Motto: „Ladies and Gentlemen, meine sehr verehrten Damen und Herren. Herzlich willkommen zu unserer Abend-Gala. Welcome to our show. Please take a seat and enjoy the evening. Bitte nehmen Sie Ihre Plätze ein und genießen Sie den Abend. Und begrüßen Sie Ihre Moderatorin, welcome to our host, Margit Lieverz.“ Das hätte schon gereicht.

Aber das hat eben nicht stattgefunden. Du siehst, wir lernen aus Erfahrungen, aber manches brauchen wir nicht selbst am eigenen Leib zu erfahren. Darum erzähle ich dir davon.

Weitere Tipps für deinen souveränen Auftritt

Ein souveräner und „echter" Auftritt, in dem du als Mensch und mit deiner Botschaft voll zur Wirkung kommst, besteht aus so viel mehr als nur einzelnen „Bausteinen" wie der Kleiderfrage, dem idealen Einstieg, der Struktur deiner Rede oder der richtigen Technik. Es geht immer um dich als Ganzes!

Im Folgenden habe ich dir eine Fülle an Impulsen zusammengestellt, die dich dabei unterstützen, dich in deinem Auftreten „rund" und stimmig zu fühlen.

Zuallererst möchte ich dich an etwas erinnern, das du bestimmt weißt, das aber leider allzu häufig vergessen wird: unser Handy.

Schalte dein Handy aus oder auf Flugmodus

Stell dir vor, es klingelt oder vibriert während deines Vortrags. Nicht nur irritiert es dich selbst in deiner Präsentation, es stört auch dein Publikum. Außerdem kann es sein, dass du dir dann

Gedanken machst, wer der Anrufer sein könnte und ob es vielleicht wichtig ist. Möglicherweise schaust du beim Ausschalten auf das Display und weißt, dass es wichtig ist für dich. Den Rest des Vortrags kannst du dich dann nicht mehr wirklich konzentrieren, denn du bist gedanklich nicht bei deinem Inhalt. Freies Reden erfordert freie Gedanken! Wie sonst willst du deine Botschaft transportieren?

In einem meiner Seminare war eine Teilnehmerin, die ein Problem mit einer Auszubildenden hatte. Während des Seminars rief der Anwalt an, um ein paar Dinge zu besprechen. Die Teilnehmerin ärgerte sich darüber so sehr, dass sie den Rest des Seminars nicht mehr voll dabei sein konnte, weil sie gedanklich gebunden war. Noch heute, fast zwei Jahre später, erwähnt sie es immer mal wieder, wenn wir uns sehen, und sagt: „Ich hätte damals nicht rangehen sollen." Sei mit deiner Konzentration immer im Augenblick, immer im HIER und JETZT!

Gehe in dich und stelle dir zielgerichtete Fragen

Folgende Fragen helfen dir, dich vor deinem Auftritt, deiner Präsentation oder deinem Gespräch zu fokussieren und in deine Klarheit zu kommen. Geh, bevor du die Bühne oder den Raum betrittst, noch einmal kurz in dich und frage dich:

Was wünsche ich mir?

Beispielsweise interessierte und begeisterte Zuschauer, Freude auf der Bühne, Mut zum Auftreten etc.

Was ist mein Ziel?

Mein Produkt verkaufen, von meinem Angebot überzeugen, Menschen unterhalten etc.

Wie will ich wirken?

Souverän, kompetent, natürlich, begeisternd, erfahren, authentisch, erfolgreich etc.

Wie möchte ich mein Publikum begeistern?

Mit Humor, tollen Geschichten, ZDF (Zahlen, Daten, Fakten), einer super Präsentation, eingebauter Musik, Videos etc.

Was brauche ich jetzt, damit es mir gut geht und ich voller Energie ins Studio gehen kann?

Ein tolles Gespräch mit jemandem, der mich motiviert, einen Schluck Wasser, einen besonderen Duft, ein schönes Musikstück (möglicherweise direkt für meinen Auftritt).

Wenn du dich das auch direkt vor dem Auftritt fragst, hast du keine Gelegenheit, über andere Dinge nachzudenken. Beispielsweise darüber, ob die Zuschauer und Gäste gut finden, was du sagst, ob sie dir zustimmen oder dich mögen. Was auch immer du dir auf diese Fragen antworten möchtest, schreibe die Antworten am besten direkt auf.

Oft erlebe ich Teilnehmer, die dann fragen: „Was, wenn ich einen Blackout habe? Was, wenn ich nicht mehr weiterweiß? Was, wenn ich Fragen aus dem Publikum nicht beantworten kann? Was, wenn die Leute mich nicht mögen?“ Die gute Nachricht ist: Du kannst nicht zwei entgegengesetzte Gedanken gleichzeitig denken. Auf der einen Seite die Fragen, was du erreichen möchtest, was dein Ziel ist etc. und auf der anderen, ob du an alles denkst, ob du dem Publikum gefällst etc. Also denke lieber gleich zielorientiert! Später beleuchten wir weitere Aspekte im Abschnitt „Lampenfieber“.

Sei klar!

Klarheit ist die Basis für klare Kommunikation. Solange bei uns im Kopf Unklarheit herrscht, *was* wir wirklich sagen möchten, können wir auch nicht wissen, *wie* wir es sagen wollen.

Erst wenn ich mir darüber im Klaren bin, was meine Botschaft ist, worum es mir wirklich geht, dann kann ich diese auch deutlich kommunizieren. Das gilt für jede Art von Kommunikation – sei es im Gespräch, in Verhandlungen und auch bei Präsentationen.

Lächle!

Warum ist Lächeln so wichtig? Aus mehreren Gründen!

Erstens: Lächeln bewirkt nicht nur eine Veränderung deines Gesichtsausdrucks, sondern führt auch dazu, dass dein Gehirn Endorphine produziert. Endorphine sind Hormone aus der

Gruppe der Opiate und bewirken, dass körperliche und seelische Schmerzen verringert werden und unser Wohlbefinden steigt. Das bedeutet, wir gehen automatisch mit einem guten Gefühl auf die Bühne bzw. in unsere Präsentation. Das funktioniert übrigens auch, wenn das Lächeln anfangs nur aufgesetzt ist ...

Zweitens: Einem Lächeln kann sich kaum jemand entziehen, wenn das Lächeln ehrlich ist. Ein Lächeln ist ansteckend und somit ein wunderbarer Weg, Fröhlichkeit und Wohlbefinden auf das Publikum bzw. die Zuschauer zu übertragen. Wie weiter vorne schon beschrieben, kannst du das Lächeln einfach mal für dich vor dem Spiegel ausprobieren. Wir lächeln uns selbst viel zu wenig an. Oft sind wir so kritisch mit uns und finden dann beim Blick in den Spiegel eher etwas, das uns stört: die Haare, die Falten, die Sommersprossen ... anstatt uns so zu lieben, wie wir sind. Also lächle dich doch wirklich mal im Spiegel an und sage dir, was du an dir schön findest. Lobe und bewundere dich und dann schau mal, wie es dir damit geht.

Am Anfang ist das vielleicht ungewohnt, aber auch das haben wir in der Schauspiel-Ausbildung geübt: uns einfach mal im Spiegel anzusehen. Ich konnte das anfangs gar nicht. Ich bin immer in Tränen ausgebrochen, wenn ich mich gesehen habe. Nicht weil ich mich so hässlich gefunden habe, sondern weil ich MICH gesehen habe, meine Seele, mein Wesen, und gespürt habe, wie traurig ich war. Wie sehr ich mich von meinem Weg, von mir selbst entfernt hatte.

Glücklicherweise war ich durch die Schauspielschule ja schon wieder auf dem Weg zu mir! Und auch da hat mir das Schauspiel sehr geholfen, denn nur wenn du dich selbst kennst, dann kannst du auch jemand anderes sein bzw. spielen. Das klingt jetzt möglicherweise paradox, aber so ist es. Es hilft uns auch dabei, mehr Verständnis für andere aufzubringen.

Hier eine Übung, die dir helfen kann, liebevoller mit dir selbst umzugehen:

Stell dich vor einen Spiegel, blicke dein Spiegelbild dabei liebevoll an und sage zu dir: „Ich liebe dich." Und zwar so, dass du es wirklich von Herzen meinst. Spüre, wie es dir damit geht. Diese Übung ist auch sehr bewegend in dem Film „Angel-A" von Luc Besson zu sehen. Dort möchte sich ein Gauner von einer Brücke stürzen und ein Engel wird ihm gesendet, um ihn vom Selbstmord abzuhalten. Der Engel macht mit ihm diese Übung. Du findest die Szene online, indem du bei deinem Suchmaschinen-Browser eingibst: „Angela-A – Spiegelszene". Dort gibt es diese berührende Szene sogar in mehreren Sprachen. Viel Freude beim Anschauen!

Freue dich, hier sein zu dürfen!

Vielleicht fragst du dich: Warum soll ich mich denn freuen, wo ich doch einen Vortrag/eine Präsentation halten muss? Ein interessanter Aspekt. Ich frage dich: Musst du wirklich? Sind wir nicht freie Menschen mit freien Entscheidungen? Ein „Muss" erzeugt immer Widerstände, weil es ja keine Freiwilligkeit bedeutet. Jetzt sagst du vielleicht: „Aber mein Chef schickt mich – es ist gar nicht meine Idee. Ich will und kann das nicht!" Dann ist das so. Alles, was du glaubst und denkst, ist deine Wahrheit.

Ist es nicht viel hilfreicher für dich, dein Denken neu zu überdenken? Wie fühlt sich das an: „Mein Chef schickt mich zu diesem Vortrag/dieser Präsentation, weil ich Expert/in zu diesem Thema bin. Er braucht mich und meine Expertise. Er glaubt an mich. Ich habe die Gelegenheit, meine Expertise zu zeigen und Menschen etwas zu erklären bzw. zu präsentieren.“ Wie fühlt sich dieser Gedanke für dich an? Möglicherweise noch ungewohnt, aber denk einfach mal drüber nach. Mehr zu dem Thema besprechen wir im Kapitel „Lampenfieber“.

Sei dankbar für die Plattform, die du in diesem Moment bekommst. Du kannst damit anderen Menschen helfen und sie unterstützen. Du hast viel zu geben – also geh los und zeige dich. Du kannst nichts falsch machen!

Natürlich gibt es auch Rede-Anlässe, die nicht erfreulich sind wie die Entlassung von Mitarbeitern. Dazu komme ich im Kapitel „Stimme weg oder zu hoch?“.

Vertrau dir!

Vertrau auf dich und deine Fähigkeiten! Du bist intensiv vorbereitet für deinen Auftritt, du hast geübt, geprobt, dich gefilmt und/oder Sprachaufnahmen gemacht und analysiert und nun vertraue ganz einfach darauf, dass du das kannst!

Hab Mut zur Lücke!

Hab Mut, auch etwas zu vergessen. Die Fähigkeit loszulassen macht dich lockerer. Dein Publikum und deine Zuhörer wissen ja gar nicht, was du vorbereitet hast, was du sagen möchtest, was deine Botschaft ist. Es kann also sein, dass du so in deinem Element bist, dass du etwas nicht ansprichst, obwohl du es vorbereitet hast. Macht überhaupt nichts – völlig okay. Denn dann war es an dieser Stelle in diesem Zusammenhang und vor diesem Publikum vermutlich gar nicht so wichtig. Dafür ist in deinem Wortfluss möglicherweise etwas anderes an die Stelle getreten – und das ist gut so. Hier kommt nochmals das Thema „Selbstvertrauen" wieder: Lass die Vorstellung los, perfekt sein zu wollen, und vertraue stattdessen darauf, dass deine Worte ankommen.

Sei authentisch!

Wikipedia schreibt zum Thema Authentizität Folgendes:

„Die Rhetorik verhandelt die Authentizitätsfrage auf der Textebene und der Ebene der rednerischen Performanz (Aufführung). Es handelt sich dabei um eine Inszenierung, die ihre Inszeniertheit zu verbergen und so einen Echtheits- bzw. Wirklichkeitseffekt zu erzeugen sucht. Authentizität ist nicht als Eigenschaft, die einem Text oder einer Person einfach innewohnt, zu verstehen, sondern als Ergebnis eines Zuschreibungsprozesses, das auf die rednerische Intention zurückgeführt werden soll." (Quelle: Wikipedia)

Und so sehe ich es auch: Um authentisch wirken zu können, will der Auftritt inszeniert werden - also nicht gespielt oder verstellt, sondern so, dass die Wirkung erzielt wird, die du erzielen möchtest. Also was passt zu dir? Womit und worin fühlst du dich wohl? Diese Inszenierung geht natürlich weit über den Bereich Sprache, Gestik und Mimik hinaus. Hier geht es auch und vor allem um deine innere Einstellung, Haltung und Botschaft und darum, diese auch für die Außenwelt sichtbar, spürbar und hörbar – also erlebbar zu machen. Wie genau geht das? Das ist eben genau die Kunst. Ich kann dir in diesem Buch viele Impulse geben, bestimmte Dinge können aber viel besser in einem Coaching oder Seminar bearbeitet werden. Denn hier geht es darum, dich selbst (neu) zu entdecken, zu spüren, zu erfahren und zu definieren. Daher beginne ich in meinen Seminaren und Coachings auch immer mit genau diesem Thema:

„Wer bin ich, wo komme ich her, wo will ich hin und was mache ich hier?“ (Lies dieses erste Kapitel des Buches gern noch einmal durch.)

Geh mit Energie auf die Bühne!

Wie ist das gemeint? Es kann sein, dass du erst im Laufe deines Vortrags so richtig in Fahrt kommst, weil du dann in deinem Thema bist. Aber wie du sicherlich weißt: „Es gibt keine zweite Chance für einen ersten Eindruck“ (*Arthur Schopenhauer*).

Wie kann ich sicherstellen, das ich gleich zu Beginn voll in meinem Element bin? Zum einen kannst du das körperlich erzeugen, indem du zum Beispiel vorher ein paar Liegestütze oder Sprünge machst. Auch Treppensteigen oder Schattenboxen kann funktionieren. Ein bekannter TV- und Sterne-Koch hat vor seinem Auftritt auf der Plaza Culinaria hinter der Bühne zehn Liegestütze gemacht, damit er voller Energie auf die Bühne kommen konnte. Außerdem hilft auch ein kleiner sportlicher Impuls, um vor dem Auftritt bereits ein paar Endorphine in Bewegung zu bringen. Die wiederum, wie wir ja wissen, Glücksgefühle bedeuten und dich in eine gute Stimmung versetzen. Es kann aber sein, dass du (vor Aufregung und Vorfreude) schon einen sehr hohen Puls hast und du vielleicht auch ein Sportmuffel bist. Dann nutze einen der anderen vorher genannten Tipps, wie zum Beispiel die zielgerichteten Fragen an dich selbst oder dein Lächeln. Und dann geh raus auf die Bühne und zeige dich in deiner vollen Größe und Strahlkraft!

Gute Vorbereitung ist (fast) alles

Wenn du gut vorbereitet bist, hast du die Zügel von Beginn an in der Hand. Wenn du einen Plan für deinen Auftritt hast, deine Gedanken sowie deine Unterlagen sortiert und vorbereitet sind, dann ist das ein wunderbares und sehr starkes Fundament.

Was genau ist gute Vorbereitung, was gehört dazu? Alles, was du brauchst, um am Tag X souverän, kompetent, authentisch, natürlich, lebendig und überzeugend auftreten zu können.

Zu einer guten Vorbereitung gehört vor allem Zeit. Ein Klient von mir, der sich mit meiner Unterstützung auf einen Siebenminuten-Vortrag vorbereitet hat, hat mich für ein vierstündiges Coaching gebucht und danach noch selbstständig weiter daran gearbeitet. So konnten wir intensiv ins Detail gehen. Er hat für sich selbst gemerkt, dass er nicht so viele Folien möchte und auf seinen Moderations-Karten zu viel Text steht. Also haben wir vieles gekürzt. Außerdem kam er zu der Erkenntnis, dass ihn der viele

Text auf den Karten generell irritiert, weil er sich dann unfrei in den Antworten fühlt und lieber ablesen möchte.

Was hat ihm geholfen?

Ich habe ihm empfohlen, Fragen auf seine Karten zu schreiben. Denn die Antworten kennt er ja. So hat er durch die Karten die Orientierung, wo er gerade inhaltlich in seinem Vortrag ist, und kann ganz souverän auf seine Fragen antworten. Generell empfehle ich immer, mehr Fragen in den Vortrag einzubauen. Denn Fragen geben der Präsentation mehr Struktur und die Zuschauer sind neugieriger. Du sprichst weniger Fließtext und schaffst dadurch eine Dramaturgie.

Beispiele für gute Fragen:

- Was machen wir anders?
- Warum sind wir so erfolgreich?
- Was ist noch wichtig zu wissen?
- Worauf möchte ich also hinaus?
- Was kommt als Nächstes? Wie geht es weiter?
- Worauf haben wir uns spezialisiert?
- usw. ...

Fragen haben außerdem den Vorteil, dass auch Zuschauer, die sich vielleicht gerade gedanklich ausgeklinkt haben, schneller wieder ins Thema finden, und du durch eine Frage auch die Aufmerksamkeit wieder auf dich lenken kannst.

Hier kommen weitere Tipps für eine gute Vorbereitung:

1. Trage alle nötigen Informationen für deine Präsentation/ deinen Vortrag zusammen.
2. Mache ein „Brainstorming".
3. Formuliere und gliedere daraus deinen Text.
4. Plane daraus deinen „Opener" - deine Eröffnung.
5. Plane passend zum „Opener" auch den Abschluss des Vortrags/deiner Präsentation.
6. Sprich die Texte in dein Diktiergerät oder dein Handy ein und höre sie dir dann an.
7. Modifiziere die Texte anhand der Aufnahmen noch einmal (kürzer, spannender, umstellen etc.).
8. Filme den fertigen Vortrag mit Videokamera oder Handy und schaue ihn dir an.

Vorbereitung mit Sprachaufnahmen

Als Schauspielerin lerne ich Dialoge anfangs gerne mit dem Diktiergerät auswendig, damit ich auch die andere Rolle dazu lernen kann. Da das immer sehr gut geklappt hat, habe ich diese Methode auch zum Lernen meiner Moderationstexte verwendet. Dabei habe ich spannende Erkenntnisse gewonnen:

- Ich habe direkt gemerkt, wenn ich zu schnell gesprochen habe.
- Ich konnte herausfinden, wo Pausen Sinn machen und hilfreich sind.

- Ich habe erkannt, welche Sätze zu lang sind oder sogar überflüssig.
- Ich konnte noch mehr an der Struktur meines Aufbaus arbeiten.
- Ich habe festgestellt, wenn ich über ein Wort immer wieder stolperte, das vielleicht schwer auszusprechen war. Wenn es in der Vorbereitung schon schwer ist, wirst du möglicherweise auf der Bühne erst recht darüber stolpern. Dann finde ein Synonym.

Probiere es aus: Nimm deine Rede, deinen Vortrag oder deine Präsentation mit einem Diktiergerät auf und höre dir an, was und wie du sprichst. Dann arbeite daran, das Gesagte zu optimieren. Von Sprachaufnahmen mit deinem Handy rate ich ausdrücklich ab, denn deine Aufnahme ist nicht gespeichert, sobald du einen Anruf erhältst. Selbst wenn du dein Handy auf Flugmodus schaltest und es kommt nur eine Terminerinnerung herein, ist die Aufnahme weg, da das Handy sie nicht vorher speichert. (Das ist zumindest eine Eigenschaft meines eigenen Handys.) Ich arbeite daher am liebsten mit einem Diktiergerät, denn so bin ich auf der sicheren Seite.

Sprachtempo – oder: Wie werde ich verstanden?

Wenn wir aufgeregt sind, neigen wir oft dazu, schnell zu sprechen. Das liegt meist am Adrenalin, der Puls ist höher und die Energie zeigt sich dann auch im Sprechtempo. Leider kann uns dann kaum

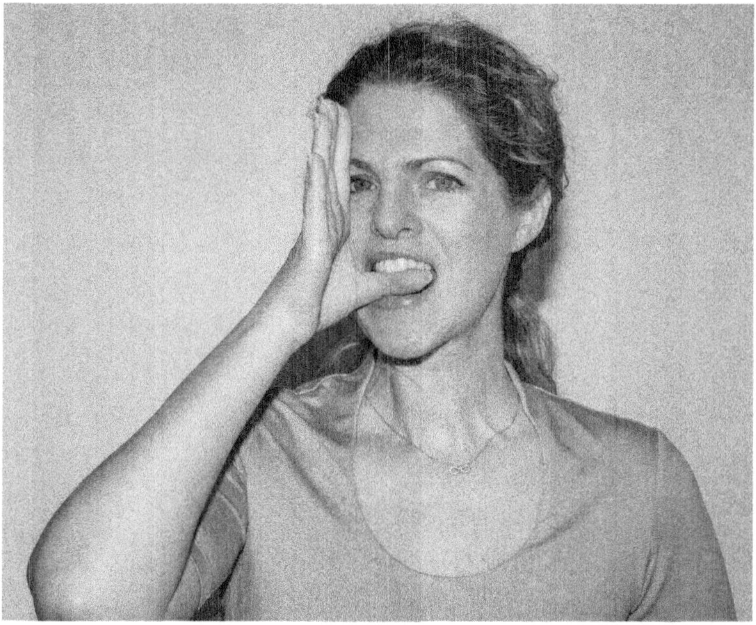

noch jemand folgen. Wenn das Publikum irgendwann abspringt und uns keiner mehr zuhört, verunsichert uns das noch mehr. Manche sprechen dann noch schneller. Ich kenne das aus eigener Erfahrung, denn ich war auch immer eine Schnellsprecherin. So schnell, dass ich in meiner Schulzeit mit einem ebenfalls schnell sprechenden Freund eine Geheimsprache entwickelt hatte, weil wir doppelt so schnell sprachen wie die anderen und somit niemand was verstehen konnte.

Das ist als Geheimsprache sehr praktisch, aber was kann ich tun, wenn ich im Alltag auch so schnell spreche? Wie kann ich langsamer und klarer sprechen? Und warum spreche ich überhaupt so schnell?

Fragen über Fragen! Lass mich mit der letzten beginnen: Warum spreche ich so schnell? Das kann natürlich mehrere Ursachen haben. Bei mir war es immer so, dass ich einfach immer viel zu erzählen hatte und um die anderen nicht zu langweilen, schnell fertig werden wollte. Das Problem dabei ist nur, wenn die anderen nicht verstehen, was ich zu sagen habe, langweilen sie sich auf jeden Fall und hören nicht mehr zu. Ein anderer Grund kann sein: Vielleicht hast du früher mit vielen Geschwistern gelebt und um überhaupt mal zu Wort zu kommen, hast du dann einfach immer schnell gesprochen. Was auch immer deine Gründe waren, du kannst in jedem Fall lernen, langsamer und deutlicher zu sprechen.

Hier gibt es mehrere Möglichkeiten

Zum einen gibt es natürlich den berühmten Korken-Trick: Nimm einen Wein-Korken zwischen die vorderen Schneidezähne und versuche nun, langsam und deutlich zu sprechen. Wenn dir das gut gelingt, kannst du den Korken wieder aus dem Mund nehmen, erinnerst dich an dieses Korkengefühl und sprichst jetzt genauso deutlich und langsam wie mit Korken im Mund. Wenn du keinen Korken zur Hand hast, kannst du auch dein Daumengelenk in den Mund nehmen. Das funktioniert genauso gut. Du siehst es auf den beiden Abbildungen.

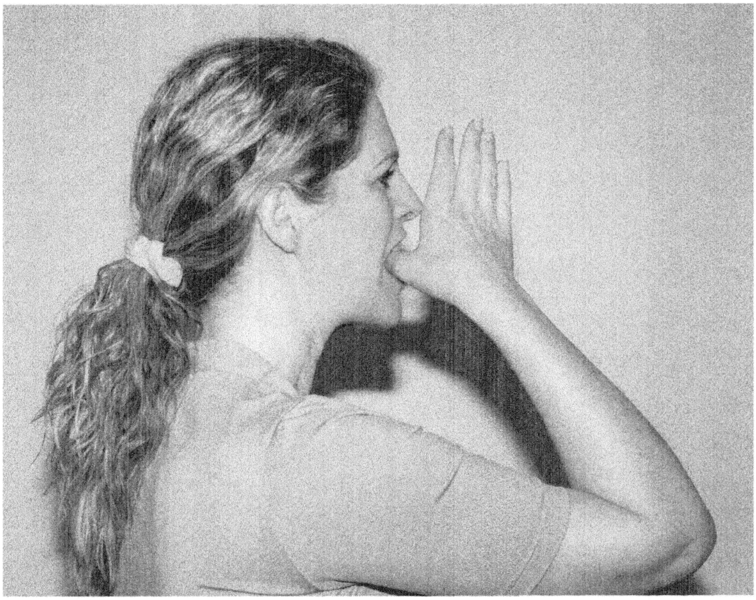

Wenn dir das zu aufwendig oder zu kompliziert ist oder du das Korkensprechen einfach nicht magst, dann gibt es auch eine andere Methode, die sehr erfolgreich funktioniert: PUNKT. PAUSE!

Eine Klientin kam zu mir eben wegen des Themas Schnellsprechen. Sie war routiniert im Sprechen vor ihren Studenten und hatte auch Erfahrung als Moderatorin auf Bühnen. Aber sie bekam von ihren Studenten immer das Feedback, dass sie zu schnell spräche. Sie selbst war dadurch oft gestresst.

Ich bat sie: Mach bitte nach jedem Absatz, den du sprichst, eine Pause. Einfach nur atmen und Pause machen.

Der zweite Tipp, den ich ihr gab: Wenn du während deines Vortrags auf und ab läufst, dann rede nicht, während du läufst.

Rede nur, wenn du stehst, und wenn du weiterlaufen möchtest, dann schweige dabei. Am Anfang war das für meine Klientin etwas schwierig, da sie gewohnt war, vor ihren Studenten während der Vorlesung hin und her zu laufen. Doch nach einigen Minuten gemeinsamen Übens war es, als hätte sich bei ihr ein Schalter umgelegt. Sie sprach langsamer, machte mehr Pausen und sprach nicht, während sie herumlief. Dadurch wurde ihre Sprache und Stimme lebhafter und spannender.

Was war geschehen?

Das Erste, was meine Klientin sagte, als sie sich später in der Videoaufnahme selbst sah: „Das war so ein tolles Gefühl, denn endlich hatte ich mal Zeit, nachzudenken, was ich als Nächstes sagen möchte!“ Sie war konzentrierter, weil sie ja daran dachte, Pausen zu machen und nicht zu reden, während sie lief. Ein anderer wunderbarer Effekt war dabei, dass sich in ihrer Mimik so viel mehr abspielte, weil sie sich darauf freuen konnte, ihre Rede spannend zu gestalten. Nun hatte sie durch die neu gewonnenen Pausen einfach Zeit dafür. Und für unsere Zuschauer wird es dadurch auch gleich viel spannender, denn die Pausen helfen, das Gehörte zu verarbeiten, und die Zuschauer/Zuhörer sind dann neugierig darauf, was wohl als Nächstes gesagt wird. Das ist inzwischen einer der wichtigsten Tipps geworden, die ich gebe: **PUNKT. PAUSE!**

Probiere beide Methoden aus.

Abwechslung in der Sprache – Arbeiten mit Synonymen

Achte bei deiner Vorbereitung der Rede oder deines Vortrags darauf, wie oft du dieselben Worte verwendest. Mir ist bei meinen ersten Moderationsvideos für TV Wiesbaden aufgefallen, dass ich viel und fast ausschließlich das Wort „wunderbar" verwendet habe. Spätestens nach dem 10. „wunderbar" hat es mich selbst gelangweilt. Also habe ich angefangen, Synonyme (also alternative Worte) für das Wort „wunderbar" zu finden. Es ist spannend, wie virtuos die Sprache klingen kann, wenn wir andere Wörter verwenden. Was ich gefunden habe, war unter anderem: „großartig", „sehr schön", „exzellent", „fantastisch", „beeindruckend", „unglaublich", „super" usw. Natürlich sind das nicht alles gleichwertige Synonyme. Aber sie zeigen doch, wie bunt und abwechslungsreich Sprache werden kann, wenn wir nicht immer die gleichen Wörter benutzen.

Auch hier kann dir die Arbeit mit der Sprachaufnahme helfen. Nimm dich doch einfach auch mal während eines Telefonats oder auch eines privaten Gesprächs auf. Im Alltag kannst du am besten üben, und wenn du Freunde und Bekannte „einweihst" und um Unterstützung bittest, dann kannst du noch besser daran arbeiten. Wichtig ist, wenn du um Unterstützung bittest, dieses auch deutlich zu tun. Menschen können uns nur helfen, wenn wir sie bitten, und in der Regel tun sie es dann gerne. Wohlgemerkt: *wohlwollende* Unterstützung! Das ist das Einzige, was dir wirklich hilft!

Intensives Üben ist die halbe Miete

Wichtig ist, dass du deinen Text zunächst als Fließtext aufschreibst. Deine Folien dienen dir ja später nur noch als Stichwortgeber für ein Thema (die Folien sollten ja auch immer nur wenig Text enthalten). Indem du den Vortrag einmal komplett aufgeschrieben hast, bringst du Struktur hinein.

Nach dieser fundierten Vorbereitung ist jetzt intensives Üben grundlegend. Sprich deinen Fließtext Wort für Wort in ein Diktiergerät. Beim Anhören merkst du rasch, wo gesprochenes Wort noch zu sehr geschrieben klingt und wo du deine Rede noch verbessern und möglicherweise kürzen kannst. Wenn du dich so intensiv mit der Rede beschäftigt hast, kannst du sie dann auch einmal mit deiner Handy- oder Digitalkamera filmen und dich selbst im Video sehen. So bekommst du eine noch bessere Vorstellung von dem, was das Publikum später von dir sehen und hören wird.

Bitte übe nicht vor dem Spiegel! Oft wird das noch in Ratgebern oder auch Seminaren geraten. Aber wie willst du reden, gestikulieren und dir dann gleichzeitig auch noch dabei zusehen und dich korrigieren? Das funktioniert einfach nicht.

Lampenfieber: den Schritt nach vorne machen

Du kennst das vielleicht: Es sind nur noch wenige Minuten bis zum Auftritt oder dem wichtigen Termin. Dein Herz rutscht in die Hose, deine Stimme ist belegt und es fühlt sich an, als hättest du einen Kloß im Hals. Dein Herz läuft auf Hochtouren mit 160 oder mehr Schlägen pro Minute. Mit dieser Frequenz ist ein selbstbewusstes Auftreten nahezu unmöglich. Vielleicht hast du sogar Fluchtgedanken? Wünschst dir, dass der Boden sich unter dir auftut und du quasi verschwinden kannst? Ich kann dich beruhigen – das ist vor allem am Anfang ganz normal. Und es geht vielen so. Selbst Künstler, die oft und regelmäßig auf der Bühne stehen, haben Lampenfieber, und viele sagen auch, dass es dazugehört und dass etwas fehlen würde, wenn es nicht da wäre.

Was aber ist denn nun Lampenfieber, wo kommt es her und was hilft, um es aufzulösen?

Es wird berichtet, dass der Begriff Lampenfieber von dem französischen Wort „fièvre de rampe“ abstammt. Das heißt so viel wie Rampenfieber und ist bereits seit Mitte des 19. Jahrhunderts ein gängiger Begriff im Theaterjargon für Bühnenangst. Es gibt aber auch noch eine technische Erklärung: Die Gaslampen, die früher auf den Theaterbühnen für Licht sorgten, brachten durch ihre Hitze die Darsteller regelrecht zu Schweißausbrüchen. Dies wirkte sich natürlich eher negativ auf das Spiel der Darsteller auf der Bühne aus. Auch heute noch kann es auf Bühnen und in Filmstudios durch die Lampen sehr warm werden. (Berücksichtige dies bei der Wahl deiner Kleidung.)

Wenn es nicht an den Lampen liegt, dann liegen unserem Lampenfieber in der Regel Ängste zugrunde: zum einen die Angst vor dem Unbekannten und zum anderen die Angst davor, dass wir kritisiert werden, nicht gut genug sind, Fehler machen, uns blamieren.

Schauen wir uns zunächst den ersten Aspekt an: die Angst vor dem Unbekannten. Dazu gibt es für uns schon seit Urzeiten eine wichtige Einrichtung in unserem Körper: Die Nebennierenrinde schüttet Adrenalin und Noradrenalin aus. Denn wir wissen im Falle von Gefahr manchmal nicht, wie wir uns entscheiden sollen: Flucht, Angriff oder tot stellen (also erstarren)? Ist das Tier vor uns stärker oder sind wir es? In beiden Fällen brauchen wir gleich viel Energie, eine gute Blutversorgung unseres Organismus und eine schnelle Reaktionsgeschwindigkeit. Und so ist das bis heute geblieben, auch wenn wir heute immer seltener vor einem Säbelzahntiger stehen. Fluchtgedanken haben wir dennoch oft:

Weil wir immer noch die Wahl haben, „da raus“ zu gehen auf die Bühne, in die Präsentation, ins Studio ... oder eben nicht. Wie ich vorhin schon sagte, wir haben immer die Wahl. Auf das Thema „müssen“ komme ich nachher noch zurück.

Versagensangst - die zweite Angst, die uns den Schweiß auf die Stirn treibt. Was tun, wenn alles blockiert und klares Denken fast nicht mehr möglich ist? Wie aus dem Fluchtgedanken eine Vorfreude machen? Geht das überhaupt? Was kannst du für dich tun, damit du mit Energie und Spaß deinen Auftritt meistern kannst?

Hier gibt es verschiedene Möglichkeiten, denn jeder Mensch ist einzigartig und hat unterschiedliche Bedürfnisse und Empfindungen. Zum einen gibt es zwei tolle Techniken, um zur Ruhe zu kommen und damit in die innere Stärke zurück zu finden. Das kannst du über deinen Atem und über deine Muskeln erreichen:

Atemübung:

Atme dreimal langsam ein und aus.
Halte den Atem nach jedem Einatmen zwei bis drei Sekunden lang an.
Du wirst merken, wie sich deine Atmung und das Herzrasen verlangsamen.
Wenn das nicht hilft, nutze die progressive Muskelentspannung.

Progressive Muskelentspannung nach Jacobsen:

- Balle deine Hände zu Fäusten und halte sie ein paar Sekunden ganz angespannt. Du kannst auch den ganzen Körper anspannen – alle Muskeln, die du bewusst steuern kannst.
- Löse dann die Spannung.
- Wiederhole diesen Vorgang, bis du ruhig und konzentriert bist.

In dem Moment, in dem du die bewusste Spannung löst, löst du auch automatisch die Anspannung, die du aus Angst aufgebaut hast.

Weitere Methoden, die dich wieder in deine mentale Stärke bringen:

Sprich (oder telefoniere) mit jemandem, der dir guttut

- Dies kann Wunder bewirken. Wir fühlen uns geliebt, willkommen und unterstützt. Menschen, die uns nahestehen, können uns Mut zusprechen und wissen oft, was wir brauchen, damit es uns gut geht. Das können sie uns dann sagen und uns daran erinnern.
- Falls keine nahestehenden Menschen erreichbar sind, tut es auch ein Gespräch mit der Bäckersfrau, einem Spaziergänger oder dem Veranstalter oder Techniker vor Ort.
- Während einem Spaziergang kannst du dir übrigens auch

die Frage stellen, ob es eigentlich überhaupt einen Grund gibt, nervös zu sein. Was kann im schlimmsten Fall passieren? Meistens nichts wirklich Schlimmes!

Bei mir hilft beispielsweise ein fröhliches Gespräch vor meiner Moderation. Das kann mit dem Tontechniker sein, der mir das Headset anpasst. Oder mit dem Kunden, der mir noch ein paar letzte Informationen zukommen lässt. Manchmal telefoniere ich aber auch vorher mit meiner Schwester oder einer Freundin.

Rufe dir deine größten Erfolge in Erinnerung:

- Wann hast du auf einer Bühne brilliert, im Verkaufsgespräch überzeugt oder im familiären Rahmen durch eine humorvolle Ansprache den Menschen eine Freude gemacht?
- Wie hast du das gemacht?
- Wie hat sich das angefühlt?
- Was kannst du für deinen aktuellen Rede-Anlass daraus übernehmen?
- Und lobe dich doch mal dafür!

Mach dir ganz aktiv positive Gedanken

Das kann die Erinnerung an einen schönen Urlaub sein, an ein schönes Erlebnis, an das kommende Wochenende oder den Kinobesuch heute Abend. Außerdem helfen Gedanken an Begebenheiten, Personen oder Dinge, die für dich wertvoll sind. So vertreibst du all deine negativen Gedanken.

Gönne dir einen Moment der Ruhe und Sammlung

Früher habe ich mich vor meinen Auftritten immer zurückgezogen und auf mich konzentriert, wie ein Mantra meine ersten Begrüßungsworte gesprochen und mich nicht mehr ablenken lassen. Auch das kann helfen, denn wenn die ersten Worte erst mal gesprochen sind und du in deinem Thema drin bist, schwindet die Aufregung mit der Zeit von ganz allein.

Oder – ich wiederhole es hier noch einmal bewusst: Du konzentrierst dich auf dein Ziel und denkst nicht an deine Angst.

Frage dich vor dem Betreten auf die Bühne:

- Was wünsche ich mir von diesem Auftritt?
- Was ist mein Ziel? Wie will ich wirken?
- Wie möchte ich meine Zuschauer begeistern?
- Was brauche ich jetzt, damit es mir gut geht und ich voller Energie auf die Bühne, in meinen Vortrag, meine Präsentation, meinen Auftritt gehen kann?

Wie wir weiter vorne schon erfahren haben: Du kannst nicht gleichzeitig zielgerichtet denken und an deine Angst (hoffentlich vergesse ich nichts, hoffentlich habe ich keinen Blackout, hoffentlich blamiere ich mich nicht ...). Denke lieber gleich positiv und zielgerichtet. Und lächele! Freue dich auf diese Herausforderung!

Mir hilft übrigens auch Singen oder Summen vor dem Auftritt. Es entspannt die Stimmbänder und die Seele!

Was auch hilft:

Stelle dir vor, du bist deine beste Freundin/dein bester Freund. Wie würdest du mit dir reden, damit es dir hilft? Was brauchst du jetzt von deinem Freund/deiner Freundin? Welche Worte helfen dir am meisten?

Sicherlich Sätze wie:

Du schaffst das! Du kannst das!

Du bist super!

Du bist ganz toll vorbereitet!

Jetzt geh da hoch und rock die Bühne! …

Manchmal hilft es auch einfach, dir vorzustellen, wie du dich nach dem Auftritt fühlen wirst. Wie erleichtert du sein wirst und wie viel Spaß es dir gemacht haben wird.

Du kannst dir einen Glücksbringer mitnehmen, einen Duft, der dich an etwas Schönes erinnert, ein Foto eines geliebten Menschen … Nutze alles, was dir hilft, an etwas Positives zu denken und dein Herz mit Liebe zu füllen. Denn wo Liebe ist, hat Angst keine Chance.

Und noch ein wichtiger Tipp – eine Erfahrung, die mir sehr geholfen hat und sich auch bei meinen Teilnehmern immer wieder als hilfreich zeigt: die Frage nach dem Warum.

Warum mache ich das eigentlich? Warum tue ich mir das an? Warum stresse ich mich so mit Lampenfieber, Aufregung, Vorbereitung etc.?

Finde für dich eine Antwort, die so stark ist, dass du mit Entschlossenheit, Mut und Vorfreude auf die Bühne gehen kannst! Wie das aussehen soll?

Ich erzähle dir eine Geschichte. Möglicherweise mit die wichtigste Geschichte in diesem Buch.

Ich war ziemlich am Anfang meiner Selbstständigkeit als Moderatorin in Vorbereitung für eine sehr große und wichtige Moderation. Und ich war voller Aufregung und auch Angst. Schaffe ich das? Kann ich das? Bin ich gut genug vorbereitet? Habe ich genug Zeit für das Schreiben meiner Moderationskarten? Solche Fragen plagten mich. Und dann habe ich einen Song im Radio gehört. Den Song „Ich tue es" von den „Söhnen Mannheims". Vor allem der Refrain hat mich sehr berührt:

Tu es weil du es gerne machst
Tu es weil du so gerne lachst
Tu es weil du mit all deiner Liebe das Göttliche bist
und da Sterne hast
Tu es weil du die Liebe kennst, die du wie deine Freunde nennst
Ich tu es für dich
Ich tu es für mich
So kriegt die Welt ein
neues Gesicht
Du tust es für mich
Ich tu es für dich

So kriegt die Welt ein
neues Gesicht

Du tust es für dich
Ich tu es für mich
Tu es mit Liebe weil niemand an der Liebe zerbricht

Tu es weil du es schaffen kannst
Tu es jetzt und nicht irgendwann
Tu es mit deiner Seele und all deiner Kraft, die es abverlangt
Tu es auch wenn du dich nicht traust, und immer nach Liebe schaust
Ich schreib dir ein Liebesgedicht und es heißt sag niemals ich schaff es nicht

Das Lied hat mich damals sehr berührt (und berührt mich heute noch) und ich habe das Warum direkt beantworten können. Also warum tue ich mir das an, auf der Bühne zu stehen? Weil ich es liebe! Weil ich schon von klein auf ein Bühnenkind war. Weil ich gerne Menschen begeistere und mich freue, als Moderatorin durchs Programm führen zu dürfen. Und so bin ich dann voller Vorfreude und Aufregung zu meiner Moderation gefahren und es war der Beginn einer jahrelangen erfolgreichen Zusammenarbeit!

Vielleicht berührt dich das Lied auch? Oder du findest eine andere Antwort auf dein „Warum". Deine Antwort liegt in dir.

Was auch immer kommt, denke daran:

Du bist EXPERTE auf dem Gebiet, zu dem du sprichst!
Du kannst das! Es sind DEINE Themen!
Also zeig, wer du bist und was du kannst!!!
Und hab Spaß dabei!

Ich habe einen Video-Impuls für dich dazu aufgenommen:

http://youtu.be/PxPzFEdudLU

Speisefragen: essen und trinken vor dem Auftritt

Was kann ich vor einem Vortrag oder einer Präsentation essen und trinken? Was sollte ich besser vermeiden? Eine Sängerin, die ich für TV Wiesbaden interviewte, erklärte mir, dass sie auf gewisse Speisen und Getränke vor ihren Auftritten verzichte, weil diese einen negativen Einfluss auf ihre Stimme haben. Da bin ich neugierig geworden und habe noch ein wenig mehr recherchiert, welchen Einfluss Speisen und Getränke auf unsere Stimme haben.

In meinen Seminaren behandle ich dieses Thema ganz bewusst nach dem Mittagessen. Warum? Weil dann jeder das gegessen hat, was er möchte. Jeder kann also in Ruhe sein Mittagessen genießen. Und zweitens kann nach dem Mittagessen viel eher erlebt werden, wie die Speisen wirken. Ich esse mittags bei meinen Seminaren zum Beispiel gerne einen Salat. Der ist erfrischend und macht dennoch satt. Meist wähle ich Salat mit Essig/Öl-Dressing. Das hat dann aber zur Folge, dass sich der Essig auf meine Stimmbänder legt und ich im zweiten Teil des Seminars am Anfang damit zu kämpfen habe. Meine Stimme ist belegt und ich muss mich dann mehrfach räuspern. Dann lutsche ich meist eine Halspastille und es wird langsam besser. Außerdem trinke ich während meiner Seminare, Moderationen oder Vorträge nur stilles Wasser, manchmal auch einen Tee. Denn Getränke mit Kohlensäure arbeiten im Hals, und säurehaltige Säfte reizen die Stimmbänder.

Es gibt weitere Beispiele für Speisen und Getränke, die zu meiden sind. Hier eine kleine Auflistung, die natürlich gerne nach deinen eigenen Erfahrungen ergänzt werden darf:

Diese Speisen und Getränke bitte meiden:

- Kekse
- Schokolade, Gummibärchen
- Milchprodukte
- Kaffee
- Mohnbrötchen oder -kuchen
- Gärende Lebensmittel wie Bohnen oder Kohl/Kraut
- Limonade und ähnliche Getränke mit Kohlensäure
- Salate mit Essig/Öl-Dressing
- Säurehaltiges Obst

Wer kennt das nicht: Auf dem Tisch im Meeting-Raum steht ein Teller mit Gebäck. Sieht köstlich aus und schnell hat man mal zugegriffen, um sich zu stärken. Und dann spricht dich jemand aus der Runde an, dass du doch auch ein paar Worte sagen sollst.

Und du fängst an zu sprechen, spürst aber die Krümel im Hals, musst dich räuspern, vielleicht verschluckst du dich auch noch und nimmst zum Runterspülen einen großen Schluck Wasser mit Kohlensäure ... Wie willst du jetzt noch souverän dein Statement abgeben?

In der Pause gibt es dann Schokoriegel und Gummibärchen. Schnell sind ein paar genascht. Dann gehst du auf die Bühne. Der Schoko- bzw. Zuckerfilm legt sich auf deine Stimme und das klingt dann leider gar nicht mehr geschmeidig. Gleiches gilt für Milchprodukte. Ich habe mal einen Text für eine Rolle zur Vorbereitung in mein Diktiergerät gesprochen. Es war Sommer, ich war durstig und hatte auch ein leichtes Hunger-Gefühl. Also ging ich zum Kühlschrank und holte mir ein Glas Buttermilch. Anschließend setzte ich mich wieder an meine Texte und sprach diese weiter ein. Später beim Anhören musste ich so lachen: Ich konnte ganz deutlich hören, wann ich die Buttermilch getrunken hatte. Meine Stimme klang so belegt, wie wohl der Wolf im Märchen geklungen haben muss, nachdem er die Kreide gegessen hatte, um die Zicklein zu überlisten (aus „Der Wolf und die sieben Geißlein").

Milchprodukte verschleimen den Hals und ich wusste das zwar, weil es mir mal eine Sängerin erzählt hatte. Aber es nun selbst so zu hören war spannend. Kaffee und Schwarztee trocknen die Schleimhäute im Mund aus und wirken adstringierend (also zusammenziehend). Daher sind diese Getränke vor einem Auftritt auch nicht ideal. Außerdem hast du bestimmt sowieso schon einen hohen Puls und brauchst nicht noch mehr Power. Mohnbrötchen oder -kuchen ist wegen der kleinen Körnchen ungünstig, denn die bleiben zwischen den Zähnen stecken und wenn du lächelst, sieht das nicht schön aus.

Ansonsten empfehle ich einfach, immer eine kleine Rolle Zahnseide in der Tasche zu haben, dann bist du auf der sicheren Seite. Gärende Lebensmittel wie Kohl oder Bohnen sind zu meiden, weil sie schwer verdaulich sind und oft auch Töne produzieren, die du nicht auf der Bühne oder während deiner Präsentation machen möchtest ... Limonade und andere Getränke mit Kohlensäure solltest du auch besser weglassen, denn die Kohlensäure krabbelt den Hals hoch und selbst wenn du es schaffst, ein Aufstoßen zu unterdrücken, hört man die kleinen Bläschen den Hals hochkrabbeln, vor allem, wenn du mit Mikrofon arbeitest. Achte mal drauf, wenn du selbst sprichst oder jemandem auf einer Bühne zuhörst.

Salate sind auch direkt vor deinem Auftritt nicht so gut, denn sie sind eher schwer verdaulich und mit Essig/Öl-Dressing reizt der Essig die Stimmbänder. Bei Joghurt-Dressing hast du dagegen ein Milchprodukt am Start ... aus besagten Gründen auch nicht gut. Bei Obst achte einfach darauf, dass es wenig Säure hat und du es auch nicht direkt vor dem Auftritt isst, denn auch die Fruchtsäure kann deine Stimme reizen.

Uff, was tun – besser gar nichts essen?

Nein, nichts essen ist leider auch keine Alternative, denn wenn der Magen knurrt, hört das dein Publikum! Außerdem fehlt dir dann die Energie für einen grandiosen Vortrag oder eine großartige Präsentation. Denn dafür brauchst du deine volle Konzentration und Energie. Nichts trinken ist auch keine Lösung, denn wenn unser Mund trocken wird, stört das beim Sprechen. Wir schmatzen dann meist mehr oder fangen an, uns zu räuspern.

Was bleibt also übrig, was ist optimal, damit du gestärkt in deine Präsentation oder deinen Auftritt gehst?

Hier ein paar Beispiele:

Mögliche Speisen und Getränke:

- Stilles Wasser
- Tee – vor allem Kräutertees (gut geeignet mit ausgleichender Wirkung, Energie-Tee oder auch ein beruhigender Tee)
- Banane – sättigt angenehm
- Äpfel, Birnen, Trauben - erfrischen angenehm (aber in Maßen, da sonst wieder zu viel Säure ins Spiel kommt)
- Haferflocken – geben Kraft (meine Ballettlehrerin hat früher immer gesagt: „Kinder, esst Haferflocken, denn die geben Kraft und machen nicht dick!")
- Früchteriegel (z. B. Banane-Mandel aus dem Reformhaus)
- Halspastillen, die den Hals anfeuchten (gut sind weiche, die du dir an den Gaumen kleben kannst und weitersprechen kannst beim Lutschen). Mir wurde geraten, nur Halspastillen ohne Menthol zu benutzen, da das Menthol die Stimme austrocknen kann. Ich vertrage allerdings auch Produkte mit Menthol sehr gut. Probier es einfach für dich aus.

Ideal ist es, ca. 1-2 Stunden vor dem Auftritt eine leichte eiweiß-

reiche Mahlzeit (sättigt lange) zu dir zu nehmen, sodass du gestärkt bist für deinen Auftritt, aber die Verdauung idealerweise schon abgeschlossen ist.
Zu Bananen kann ich außerdem noch Folgendes ergänzen:

Die Banane macht schnell und langanhaltend satt, weil in ihr viele Kohlehydrate enthalten sind, die schnell verfügbar sind. Das ist vor allem praktisch, wenn du vor Ort lange sprichst und keine Zeit hast, zwischendrin was zu essen. Die Banane ist also ein idealer Energielieferant. Außerdem enthalten Bananen sogenannte Antioxidantien, die Produktivität und Antrieb steigern. Das zu den wasserlöslichen Antioxidantien gehörige Hormon Dopamin befindet sich in kleinen Mengen im Fruchtfleisch. Es bewirkt eine Erhöhung des Blutdrucks, einen schnelleren Puls und eine bessere Herzleistung. Damit sind Bananen ideal für alle, die rasch viel Energie brauchen und hohe Leistungen erzielen wollen. Das in einer Banane enthaltene Kalium normalisiert den Blutdruck. Auch gut bei Stress, den du bestimmt vor deinem Auftritt spürst. Und last but not least: Bananen machen glücklich! Bananen enthalten die essenzielle Aminosäure Tryptophan. Diese kann nicht vom Körper selbst gebildet werden und muss daher durch die Nahrung aufgenommen werden. Tryptophan ist an der Synthese zahlreicher Hormone beteiligt, so auch an der Bildung des Hormons Serotonin. Diesem Neurotransmitter wird eine stimmungsaufhellende Wirkung zugesprochen.
Du siehst: Es gibt einiges zu beachten hier. Probier es für dich aus, was gut funktioniert. Ziel ist immer deine Souveränität – dass du dich satt, energetisch und körperlich stark und sicher fühlst!

Technikfragen: Mikro, Headset und Co.

Kommen wir nun zu einem weiteren wichtigen Thema, wenn es um deinen souveränen Auftritt geht: die Technik. Denn ohne sie geht heute fast gar nichts mehr. Wir betrachten hier sowohl die Tontechnik als auch die weitere Veranstaltungstechnik.

Schauen wir uns zunächst die Tontechnik an.

Sprechen mit dem Handmikrofon

Bei kleineren Veranstaltungen bis ca. 30 Personen brauchen wir in der Regel kein Mikrofon, da die Raumgröße normalerweise so gewählt wird, dass die Akustik ausreicht, dass alles verstanden werden kann. Manchmal kann das auch bis 40 Personen ausreichen. Hier fragst du am besten den verantwortlichen Techniker bzw. Ansprechpartner der Location.

Sobald der Raum eine entsprechende Größe erreicht, die mit einer normalen Stimme nicht mehr gefüllt werden kann (unter normaler

Stimme verstehe ich jene, die nicht professionell ausgebildet auf großen Bühnen sprechen kann), kommt Tontechnik zum Einsatz. Du wirst also ein Mikrofon vor Ort haben. Wichtig ist nun für dich zu wissen, welches Mikrofon du haben möchtest.

Wie kannst du das entscheiden? Möglicherweise hast du dir schon Gedanken gemacht, mit anderen gesprochen oder konntest es ausprobieren. Ich persönlich arbeite für kurze Moderationen in der Regel gerne mit einem Handmikrofon. Denn das kann ich danach einfach wieder abgegeben und trage es nicht ständig mit mir herum. Außerdem kann ich dann immer selbst entscheiden, wann ich gehört werde. Nämlich nur, wenn ich das Mikrofon am Mund habe. Bei einem Headset, das vom Mischpult freigeschaltet ist, bin ich die ganze Zeit zu hören, auch wenn ich möglicherweise nur jemandem etwas zuflüstere oder mich kurz räuspere. Wichtig ist, dass du dich wohlfühlst. Probiere mehrere Varianten aus.

Die richtige Haltung des Mikrofons

Sängerinnen und Sänger haben das Mikrofon immer direkt am Mund. Das ist beim Sprechen nicht nötig und wenn du später Fotos vom Event bekommst, ist es auch schöner, wenn das Mikrofon nicht direkt im Gesicht ist. Ich habe auch schon Redner erlebt, die das Mikrofon am Kinn „parken", also wirklich fest drauflegen. Auch versierte Speaker habe ich so erlebt. Im Endeffekt probiere einfach aus, was zu dir passt und womit du dich wohlfühlst. Es gibt hier kein „schlecht" oder „falsch". Es gibt nur „funktioniert" oder „funktioniert nicht", „gefällt" oder „gefällt nicht". Probiere beim Soundcheck vor deinem Auftritt aus, wie du dein Mikro halten und handhaben willst.

Sprechen mit dem Headset

Bei längeren Rede-Passagen, zum Beispiel bei Vorträgen, verwende ich persönlich lieber ein Headset, denn dann habe ich die Hände frei und kann mich besser bewegen. Wichtig ist hier, dass das Mikrofon gut angepasst ist und permanent in der gleichen Position ist. Lass dir vom Techniker helfen, dass es an deine Kopfform angepasst wird. Ich habe nämlich mal eine unangenehme Erfahrung gemacht und seitdem achte ich sehr darauf. Genauer gesagt hat ein Klient von mir diese Erfahrung gemacht. Ich war dabei und habe ihn zum Vortrag begleitet. Aber ich war nicht beim Anpassen des Headsets dabei und hatte mit dem, was dann kam, nicht gerechnet:

Mein Klient drehte sich während seines Vortrags immer mal wieder zu den Folien auf der Leinwand um. Dabei rutschte jedes Mal das Mikrofon des Headsets nach oben. Beim erneuten Umdrehen zum Publikum blieb das Mikrofon allerdings oben (in Augenhöhe). Also hat er es wieder nach unten gezogen. Beim nächsten Umdrehen zur Leinwand wiederholte sich alles ... Und so ging das während seines gesamten Vortrags. Das Ganze ist natürlich für meinen Klienten sehr unangenehm und stressig gewesen und für das Publikum auch. Darum achte darauf, dass dein Headset immer an deine Kopfform angepasst wird!

Und noch ein Tipp für die Ladys unter uns: Solltest du auf einer

Abend-Gala mit Headset sprechen und dazu ein Kleid mit Korsage tragen, dann mach den Soundcheck unbedingt in deinem Kleid.

Ich habe auch hier mal eine spannende Erfahrung gemacht: Ich war für eine Moderation auf der Wartburg in Eisenach gebucht. Den Soundcheck habe ich in Jeans und T-Shirt gemacht und alles hat wunderbar geklappt. Für die Moderation am Abend hatte ich dann ein Designer-Abendkleid mit Korsage an. In die Korsage waren kleine Metall-Stäbchen eingearbeitet. Und die haben dann die Funkfrequenz gestört, sodass mein Ton immer wieder Aussetzer hatte. Ich habe spontan auf Handmikrofon umgestellt, da glücklicherweise auch eines auf der Bühne bereitstand. Aber da nicht immer ein zweites Mikro gerade in Reichweite steht, sichere dich auf jeden Fall ab!

Was beim Sprechen mit Headset noch zu beachten ist: Du brauchst an deiner Kleidung Platz für den Sender. Bei den Herren am rückseitigen Hosenbund, im Gürtel oder auch im Sakko. Bei den Damen am Rocksaum oder bei Kleidern möglicherweise am Gürtel (siehe Foto auf Seite 88). Bei Kleidern ohne Gürtel kann der Sender auch am Rücken am BH befestigt werden. Vorausgesetzt, du trägst einen. Denn es könnte ja auch sein, dass du ein Abend-Kleid mit eingearbeiteten Cups trägst und kein BH nötig ist. Dann vielleicht doch lieber mit Handmikrofon sprechen? Du merkst, es ist wichtig, dass du dir vorher darüber ausgiebig Gedanken machst.

Hier zwei Beispiel-Fotos mit Headset:

Bei diesem Foto kannst du sehen, dass mein rechter Ohrring an das Headset kommt. In dem Fall hat es zwar trotzdem funktioniert – wir haben es ausprobiert.

Aber gerade für die Ladies unter uns ist es wichtig, alternative Ohrstecker dabei zu haben, denn es kann durchaus sein, dass man den Ohrring klappern hört. Ich habe auf einer Konferenz erlebt, dass die Vortragsrednerin auf der Bühne ihre Ohrringe ausziehen musste, weil man sie durch das Headset klappern gehört hat. Das ist natürlich schade, auch für eventuelle Fotos, die es später geben wird. Also immer vorher testen und kleine Stecker mit dabeihaben.

Mikrofon am Stehpult

Der Vollständigkeit halber erwähne ich auch diese Variante. Sie wird in der Politik oft eingesetzt oder auch bei festlichen Anlässen, bei denen Laudatio und Dankesreden gehalten werden. Hier kann man den Text, den man mitbringt, auch auf dem Pult ablegen, das Mikrofon oder die Mikrofone (manchmal sind es in der Tat zwei) sind fest installiert und in der Regel auch ideal ausgerichtet.

Das hat natürlich den Vorteil, dass hier nicht permanent abgekabelt oder angekabelt werden oder ein Mikrofon nicht ständig weitergereicht werden muss. Ich für meinen Teil halte das Stehpult-Mikro für eine Notlösung, denn hier bist du nicht frei beim Sprechen. Du kannst dich nicht vom Pult wegbewegen und wenn du dich mal umdrehst und weitersprichst, versteht dich keiner. Ich als „die Freisprecherin" brauche zum freien Reden eben auch Freiheit in der Bewegung.

Bei der Laudatio auf einer Preisverleihung habe auch ich mal an einem Stehpult gestanden. Das war aber nur eine Sache von ca. 5 Minuten und dafür war es völlig in Ordnung. Für längere Reden finde ich es einfach nicht so ideal.

Der Soundcheck – wichtig für dich!

Der Soundcheck ist in erster Linie für DICH! Denn der Tontechniker hat vorher schon alles aufgebaut und eingestellt. Also läuft alles. Natürlich stellt er dann alles nochmal auf deine Stimme ein (je nach Lautstärke etc.). Aber vor allem ist wichtig, dass du dich da oben auf der Bühne wohlfühlst und ausprobierst, wie du das Mikrofon halten möchtest bzw. wie sich das Headset anfühlt und wie du dich selbst über die Lautsprecher hörst. Außerdem nimmst du auf der Bühne Raum ein und stellst dir vor, wie es später sein wird, wenn der Saal mit Publikum gefüllt ist. Mach daher den Soundcheck nach Möglichkeit auf der Bühne und nicht beim Techniker neben dem Mischpult.

Hier für dich noch ein Video-Impuls zu den eben beschriebenen Themen:

https://youtu.be/ueAs20yeD8U

Die Präsentationstechnik

Auch hier gibt es im Vorfeld einige wichtige Dinge zu klären:

- Gibt es einen Laptop vor Ort, auf den alle Präsentationen aufgespielt werden?
- Bringe ich zusätzlich einen USB-Stick mit?
- Brauche ich meinen eigenen Laptop?
- Gibt es einen Präsenter mit Laserpointer?
- Benötige ich zusätzlich ein Flipchart, eine Metaplanwand etc.?

Denke vorher an alle Details und sprich sie mit dem Veranstalter ab. Und vor allem: Teste alles vor Ort. Ich war mal als Vortragsrednerin auf einer Veranstaltung, bei der ich einiges vorher nicht detailliert abgesprochen und vor Ort nicht ausgiebig getestet habe. Und leider hat dann auch einiges nicht geklappt. Inzwischen bin ich immer gut vorbereitet.

Was war geschehen?

Ich hatte in meine Präsentation ein Video eingebunden, das vor Ort natürlich mit Ton ablaufen sollte. Wir haben vor Beginn der Veranstaltung alles getestet und es hat leider nicht geklappt. Das Video ließ sich nicht abspielen. Da ich erst um 15 Uhr mit meinem Vortrag an der Reihe war, habe ich dem Techniker gesagt, dass er es gerne später noch mal versuchen könne und mir dann bitte Bescheid geben solle. Das hat er leider nicht getan und ich habe nicht noch mal nachgefragt. Ich hatte meinen eigenen Laptop dabei und die Präsentation lief auf meinem Gerät mit dem Video einwandfrei. Ich hätte ihn einfach an den Beamer anstöpseln können – doch es war zu spät, weil ich schon auf der Bühne war und merkte, dass das Video immer noch nicht funktionierte. Außerdem wollte ich meinen Vortrag mit Musik beginnen, hatte die Musik auch per Mail an den Veranstalter gesendet und wir hatten noch darüber gesprochen, weil die GEMA ein Thema war. Doch auch der Song war nicht vor Ort - und auch das habe ich erst gemerkt, als ich aufgetreten bin. Zu guter Letzt hatte ich noch überlegt, ob ich ein Tablet mit einer rückwärts laufenden Zeit mit auf die Bühne nehme, damit ich weiß, wo ich in meinem

Timing bin. Der Veranstalter sagte mir, dass ein solches Tablet auf der Bühne stünde. Das hatte ich auch gesehen, und daher meines nicht mitgenommen. Doch als es dann losging, habe ich nicht mehr drauf geachtet - und als ich auf das Tablet auf der Bühne schaute, lief es nicht mehr. Ich hatte keine Ahnung, wann ich angefangen hatte und wie viel Zeit mir noch auf der Bühne blieb! Alles in allem sehr viele Faktoren, die mich an dem Tag echt herausgefordert haben. Daher mein Rat an dich: Check das alles sehr genau im Vorhinein, damit am Tag X alles für dich passt!

Video-Impulse von mir dazu findest du auf:

https://youtu.be/vuEC5aPANJ4

Souverän in Videokonferenzen

Durch die Corona-Pandemie hat sich unsere Welt stark verändert. Seit dem ersten Lockdown im März 2020 sind viele Mitarbeitende in Bürojobs inzwischen im Homeoffice angekommen. Was früher von den Firmen eher kritisch betrachtet wurde, das ist heute Realität und wird inzwischen erfolgreicher erlebt, als es viele vorher für möglich gehalten haben. Und es zeichnet sich ab, dass es in vielen Bereichen auch sehr stark so bleiben wird. Denn es hat sich gezeigt, dass Arbeiten im Homeoffice effizient ist und auch sonst viele Vorteile bietet. Ich selbst biete glücklicherweise schon seit vielen Jahren meine Coachings auch online (damals noch über Skype) an. Vor allem für Menschen, die keine Zeit oder Gelegenheit hatten zu reisen, aber dringend Unterstützung in der Vorbereitung für TV-Auftritte, Vorträge und Video Drehs benötigten. Bei meinem ersten Skype-Coaching vor vielen Jahren war ich noch etwas skeptisch, ob es wirklich so effektiv, wirksam und hilfreich sein kann wie ein Präsenz-Coaching in meinen Räumlichkeiten. Doch sehr schnell hat sich gezeigt, dass online dieselben Methoden anwendbar sind (ich arbeite ja immer mit Video-Analyse) und dass auch Emotionen online transportiert werden können. Meine Coachings waren und sind also eins zu eins auch online umsetzbar. Also war ich persönlich optimistisch, dass in diesen Zeiten die Menschen auch online genauso erfolgreich lernen und wachsen können. Mit all den Hindernissen, die es heute immer noch in Sachen Homeoffice oder Homeschooling gibt, haben sich inzwischen Online-Meetings, -Konferenzen und -Veranstaltungen etabliert und werden auch genutzt. Wobei oft noch „viel Luft nach oben" ist. Denn sogar in Live-Schalten in den Nachrichten zu Experten in deren Homeoffices sieht man teilweise bis heute interessante Hintergründe, hat schlechten Ton oder schlechte Netzverbindung. Von der Ausleuchtung und Kamera-Position ganz zu schweigen! Was also kannst du tun, damit deine Online-Präsenz souverän und professionell wirkt? Was bedeutet das für deine Sichtbarkeit in der Firma? Wie präsentierst du zukünftig deine Themen? Sicherlich online mit verschiedenen Tools wie Zoom, Microsoft Teams, Webex oder ähnlichen Formaten. Was kannst du nun also ganz konkret tun, um in virtuellen Meetings souverän zu präsentieren? Wie kannst du diese Möglichkeiten optimal für dich nutzen? Im Folgenden nehme ich dich einfach mal an die Hand und gehe mit dir Schritt für Schritt die unterschiedlichen Aspekte durch. Fangen wir also mit dem ersten Schritt an.

Die Bandbreite

Ganz wichtig: Prüfe vor deinem Meeting oder deiner Online-Präsentation die Bandbreite deines Internets! Das geht über online angebotene Speedtests. Hier ist besonders wichtig, dass der Upload hoch genug ist, da viele Videokonferenzsysteme ein hohes Datenvolumen beanspruchen. Ich hatte leider anfangs die Situation, dass mein Upload oft nur ca. 2 Mbit betrug. Das ist für ein Streaming einfach zu wenig. Dafür habe ich inzwischen einen Mobilfunk(LTE)-Router angeschafft. Dieser wählt sich in das verfügbare Handy-Netz ein und ist mit einem LAN-Kabel oder per WLAN mit dem Laptop oder PC verbunden. So habe ich dadurch in der Regel einen Upload von 6 bis 8 Mbit. Hier sind so deutlich höhere Übertragungsraten möglich, wenn das Mobilfunknetz entsprechend ausgebaut ist.

Arbeitsplatz einrichten

Der Hintergrund

Um in einer Video-Konferenz oder in einem Online-Meeting einen souveränen Eindruck zu machen, ist es wichtig, vorher deinen Arbeitsplatz und vor allem den Hintergrund gut einzurichten. Ideal ist ein neutraler Hintergrund, der nicht ablenkt. Wenn du vor einer Bücherwand sitzt, dann fangen deine Zuschauer irgendwann vielleicht an, die Titel zu lesen, und sind nicht mehr bei dir. Auch private Urlaubsfotos haben im Hintergrund nichts zu suchen. Viele verwenden inzwischen virtuelle Hintergründe.

Diese sind aber oft fehleranfällig oder schneiden Ohren und Nasen optisch ab, wenn man sich bewegt. Außerdem benötigen diese Hintergründe eine größere Internet-Bandbreite. Dies kann dazu führen, dass die Übertragung stockt oder sogar hängen bleibt. Ist eine ausreichende Übertragungsrate gegeben, dann kann man für virtuelle Hintergründe einen Green-Screen (also eine grüne Leinwand) im Hintergrund aufbauen. Die gibt es inzwischen auch schon als praktischen Roll-up. Übrigens kann natürlich auch ein Roll-up mit Firmen-Logo verwendet werden, wenn du lieber einen realen Hintergrund hast. Wenn du mit Green-Screen und virtuellem Hintergrund arbeitest, dann achte darauf, dass das Bild nicht zu verspielt ist, sondern beispielsweise ein Loft oder eine andere ansprechende Räumlichkeit zeigt. Bitte auch nicht mit dem Rücken zum Fenster präsentieren, denn dann ist oft der Vordergrund zu dunkel und man kann dein Gesicht nicht gut erkennen. Dazu aber gleich mehr im nächsten Absatz zum Thema „Die ideale Ausleuchtung“. Wenn du keinen Green-Screen hast oder benötigst, aber dennoch einen neutralen Hintergrund wünschst, dann kannst du auch eine Dia-Leinwand hochziehen. Bitte kein (vielleicht auch noch ungebügeltes) Bettlaken. Ich habe mal ein Video gesehen, in dem jemand vor einem grünen, faltigen und ungebügelten Hintergrund saß. Das ist einfach nicht wertschätzend den Zuschauern gegenüber. Dann doch lieber einfach eine echte reale Wand als Hintergrund verwenden.

Die ideale Ausleuchtung

Sorge für eine gute Lichtquelle von vorne. Das kann ein Ringlicht sein oder auch die Schreibtischlampe, die auf dich ausgerichtet ist. Das kommt aber auf die Schreibtischlampe an. Meine ist dafür nicht geeignet, weil sie nicht so lichtstark ist und ein eher gelbliches Licht abgibt. Damit sieht es dann bei mir aus, als hätte ich es mir bei Kerzenschein gemütlich gemacht. Manche Kolleginnen und Kollegen von mir verwenden Soft-Boxen, wie du sie vielleicht schon mal in einem Fotostudio gesehen hast. Die machen zwar ein schönes Licht, aber nehmen auch viel Platz weg. Andere verwenden gerne ein Ringlicht. Hier kommt es natürlich auf die Größe an. Bei kleinen Ringlichtern, wie es sie beispielsweise auch mit Handyhalter gibt, ist die Lichtquelle oft nicht stark genug. Damit bist du nur dann gut ausgeleuchtet, wenn du nah genug dran bist. Also wenn Ringlicht, dann eher ein größeres. Ich persönlich stelle mir LED-Lampen auf. Die sind lichtstark und einige bieten sogar die Möglichkeit, Lichttemperaturen einzustellen. Dann kannst du wählen, ob du lieber „kaltes“, also blaues Licht, oder eher „warmes“, also roteres Licht möchtest. Das kann ich bei meinen LED-Scheinwerfern entsprechend individuell einstellen. In meinem Büro stelle ich zwei Lampen vor mir auf – eine rechts und eine links. Und oft noch eine weitere LED-Lampe hinter mir, die die Wand ausleuchtet, damit ich keine Schatten an die Wand werfe. Für welche Lichtquelle auch immer du dich entscheidest, leuchte dich am besten so aus, dass keine Schatten im Hintergrund zu sehen sind. Bei Tageslicht kannst du deinen Arbeitsplatz auch so aufbauen, dass hinter deinem Monitor direkt ein Fenster ist. In der Regel gibt eine natürliche Lichtquelle ein schönes Licht. Aber wenn sich Sonne und Wolken abwechseln, dann wird es mal heller, mal dunkler. Und wenn das Meeting bis zum Abend geht und es draußen dunkel wird, dann braucht es auf jeden Fall ein extra Licht. Was auch oft hilft, ist, bei der Video-Einstellung im System (beispielsweise auf Zoom) die Funktion „an schwache Lichtquelle anpassen" wählen. Dann wird das Bild automatisch noch etwas heller.

Der gute Ton

Natürlich ist ein guter Ton wichtig, damit du gut verstanden wirst. Verwende möglichst Kopfhörer. Denn so vermeidest du unangenehme und nachhallende Rückkoppelungen. Und nun kommt es drauf an, was du genau machen möchtest. Bist du Teilnehmer in einem Online-Meeting, dann kannst du zwischen verschiedenen Arten von Headsets wählen: einem OnEar-Headset, bei dem die Kopfhörer auf den Ohren liegen, oder ein InEar-Headset, bei dem die Kopfhörer in der Ohrmuschel liegen. Auch Handykopfhörer mit integriertem Mikro (zum Beispiel die EarPods bzw. AirPods) sind eine gute Wahl. Wenn du nun aber moderierst, Seminare gibst oder Vorträge hältst, dann empfehle ich dir eine andere Variante. Denn wenn du permanent Kopfhörer auf oder im Ohr hast, sieht es zum einen nicht gut aus und es kann dich selbst auch stören. Vor allem, wenn du den ganzen Tag ein Seminar oder Training gibst. Was gibt es also für Alternativen? Du kannst ein Stand-Mikrofon oder ein Lavalier-Mikrofon (also ein Ansteck-Mikrofon) verwenden. Viele meiner Kolleginnen und Kollegen verwenden gerne Standmikros. Manche nennen es auch Podcast-Mikros. Vielleicht sogar mit einem Popschutz, wie du sie möglicherweise in professionellen Tonstudios schon gesehen hast. Wenn du dich beim Präsentieren viel bewegst und vielleicht auch mal zu einem Flipchart umdrehst, dann ist ein Ansteck-Mikrofon hier die beste Wahl. Solltest du ganz unsicher sein, was die Auswahl angeht, so frage am besten in einem Fachgeschäft nach, was für deine Arbeit und deine Verwendung am besten geeignet ist. Denke auch daran, dass du in diesem Fall (also bei Stand- oder Ansteck-Mikros), um die anderen gut hören zu können, geeignete Lautsprecher-Boxen aufstellst. Ich habe bei der Auswahl meines Mikrofons einen Fachmann gefragt und verwende nun ein AKG Kondensator-Ansteck-Mikrofon (Vocal C 417 PP) mit einem Audiolink III USB Interface. Damit komme ich sehr gut klar und mir wurde schon oft bestätigt, dass ich einen sehr guten Klang habe. Als Lautsprecher verwende ich eine Bluetooth Lautsprecher Box von Libratone, den ich mit einem USB-Anschluss an den Laptop anschließe. Ginge aber natürlich auch ohne Kabel. Damit bin ich sehr zufrieden. In meinem Office ist es immer ruhig, weil unsere Straße eine Sackgasse ist und es daher kaum Straßenverkehr gibt. Außerdem ist das Haus gut isoliert. Wir haben keine kleinen Kinder und keine Haustiere und auch sonst nichts in der Umgebung, was laut wäre. Daher ist bei mir tontechnisch alles gut. Wenn du allerdings im Homeoffice laute Hintergrundgeräusche hast, dann gibt es dafür auch Tools für die Rauschunterdrückung. Eines der Tools, das mir mal jemand empfohlen hat, ist „Krisp". Allerdings kenne ich mich damit zu wenig aus. Wenn du mit der Umgebungs-Geräuschkulisse ein Thema hast, dann lass dich am besten von einem Profi dazu beraten.

Die Kamera

Und noch etwas ist natürlich wichtig: die Kamera! Inzwischen kenne ich viele Kolleginnen und Kollegen, die mit mehreren Kameras arbeiten. Oft auch mit DSLR-Kameras, die sie an den PC oder Laptop anschließen. Ich persönlich habe eine Microsoft-HD-Webcam, die ich an meinen Laptop oder PC anschließe. Die eingebauten Webcams kommen doch vom Bild her oft an ihre Grenzen. Richte deine Kamera am besten so ein, dass sie auf Augenhöhe ist. Du kannst dafür dein Notebook beispielsweise auf Bücher oder auch auf stabile Kartons stellen. Inzwischen gibt es sogar kleine extra Tischchen, die aus Holz oder Metall sind und noch eleganter aussehen. (Wobei das ja nur für dich wichtig ist, denn deine Kollegen oder Kundinnen sehen das ja dann nicht.) Schaue immer in die Kamera, wenn du sprichst. So fühlen sich die Menschen auf der anderen Seite direkt von dir angeschaut und angesprochen. Wenn dir das schwerfällt, dann klebe einen kleinen Smiley oder auch ein kleines Foto von jemandem, der dir wichtig ist, neben die Linse. So fällt dir der Blickkontakt vielleicht leichter. Setze dich nicht zu weit oder zu nah vor die Kamera. Dein ganzes Gesicht sollte klar erkennbar sein, nicht nur Details davon. Und falls du Gleitsichtgläser trägst: Schaue bewusst nicht unten durch den Nahbereich, das hebt den Kopf und wirkt leicht „hochnäsig". Prüfe deinen Abstand zur Kamera, denn wenn du zu weit weg bist, hast du zum einen zu viel Ablenkung durch den Hintergrund und zum anderen bist du in einem sowieso schon kleinen Bildausschnitt noch weniger zu sehen. Übrigens empfehle ich dir immer die Wahl der sogenannten „Sprecher-Ansicht". Denn dann ist immer der oder die groß zu sehen, der oder die gerade spricht. Jetzt kommt es noch drauf an, ob du moderierst, präsentierst oder einfach nur am Meeting teilnimmst. Wenn du im Meeting präsentierst oder moderierst, dann empfehle ich dir, dass auch deine Hände im Bildausschnitt zu sehen sind, damit du deine Körpersprache noch mehr mit einsetzen kannst. Auch hier ist die Wahl der Kamera entscheidend, denn es gibt Kameras, die einen Weitwinkel haben. Andere wiederum sind stärker fokussiert. Vielleicht hast du auch zwei Kameras und wechselst zwischen den verschiedenen Perspektiven? Das geht beispielsweise ganz elegant mit einem sogenannten Video-Mischpult, bei dem du auf Knopfdruck zwischen verschiedenen Geräten hin- und herschalten kannst.

Das passende Outfit

Warum ist die Wahl des Outfits so entscheidend? Wenn du in einer Video-Konferenz oder in einem Meeting gesehen und wahrgenommen werden möchtest, dann ist es wichtig, dass das gewählte Outfit dich optimal sichtbar werden lässt. Wenn du also beispielsweise einen hellen Hintergrund hast – vielleicht eine weiße Wand –, dann wähle bitte ein dunkleres Outfit. Denn wenn du nun ein helles Oberteil trägst, dann hebst du dich kaum vom Hintergrund ab. Und umgekehrt: Hast du eine dunkle Wand, dann trage lieber helle Kleidung. Also sorge einfach für kontrastreiche Farben. Außerdem ist es wichtig, dass deine Kleidung keine kleinen Muster (Karos, Rauten, Streifen, Punkte) hat. Denn das kann im Video-Bild dann zu einem Flimmern führen (dem sogenannten Moiré-Effekt). Das ist für die Augen anstrengend zu sehen und daher bitte zu meiden. Lieber einfarbige Outfits ohne Muster wählen, damit bist du auf der sicheren Seite. Ansonsten gelten hier dieselben Outfit-Empfehlungen wie im Kapitel „Die Kleiderfrage".

Jetzt geht's los

Dein Arbeitsplatz ist eingerichtet, die Technik ist getestet und funktioniert, dein Outfit passt, du bist motiviert und es kann losgehen. Vielleicht hast du eine Folien-Präsentation vorbereitet und möchtest diese mit den Teilnehmenden teilen. Dann achte bitte darauf, dass du vorher andere Browser-Fenster geschlossen hast. Gerade beim Thema „Bildschirm teilen“ kann es nämlich sein, dass man erst mal alles sieht, was dein Desktop zeigt, bevor du in den Folien-Modus gehst. Sicherlich möchtest du aber nicht, dass jeder sieht, auf welchen Seiten du sonst noch unterwegs bist oder was du gerade online geshoppt hast. Also: alle Fenster schließen und nur das geöffnet haben, was du wirklich brauchst. Das ist übrigens auch hilfreich, wenn deine Bandbreite nicht so hoch ist. Je weniger Browser-Fenster du parallel online geöffnet hast, desto besser. Wie gesagt, am besten alles schließen, was du gerade nicht brauchst. Was ist noch wichtig? Bitte schalte deine Telefone auf lautlos, sodass nichts deine Präsentation stört. Idealerweise stellst du dir noch ein Glas stilles Wasser in die Nähe. Denn die Stimme braucht beim Sprechen viel Feuchtigkeit und so kannst du jederzeit einen Schluck trinken. Das hilft meist sofort. Wenn möglich, kannst du deine Präsentation vielleicht filmen, sodass du später beim Sichten deines Videos daraus lernen kannst und so deinen nächsten Auftritt verbesserst.

Zum Schluss noch ein wichtiger Tipp:

Probiere deine Präsentation doch mal im Stehen aus. Ich hatte kürzlich einen Klienten, der sich auf einen Online-Vortrag vorbereitet hat. Er sagte zu mir, dass er inzwischen ja souverän vor Publikum präsentieren könne, aber bei den Video-Konferenzen störe es ihn, dass er sitzen muss. Nur weil unser bisheriger PC-Arbeitsplatz eher im Sitzen genutzt wird, heißt das aber nicht, dass du für deine Präsentationen sitzen musst. Im Stehen hast du außerdem viel mehr Möglichkeiten, deine Gestik zu nutzen. Außerdem kannst du aufrecht besser atmen und hast somit auch eine bessere Stimme. Das habe ich meinem Klienten auch so empfohlen und er war sehr glücklich damit. Manchmal kommen wir selbst vielleicht nicht auf solche Ideen, weil wir zu sehr in unseren Routinen gefangen sind. Oder denken, dass „man" das eben so macht … Aber wie auch schon in früheren Kapiteln erwähnt, ist es immer wichtig, dass du dir deinen Platz so einrichtest, dass du dich damit wohlfühlst. Also auch deinen Platz am Bildschirm und für deine Präsentationen.

Streaming-Dienste

Natürlich könnte ich jetzt noch auf die verschiedenen Streaming-Dienstleister wie Zoom, Microsoft Teams, Webex oder Adobe Connect eingehen (und es gibt inzwischen noch so viel mehr!). Aber ich glaube, dass du schon deine Erfahrungen mit den Systemen gemacht hast und entweder durch „Learning by Doing" oder entsprechende Schulungen deine Systeme kennst und bedienen kannst. Ansonsten gibt es dazu wunderbare Erklär-Videos von Experten im Internet. Und oft sogar gratis Workshops von den jeweiligen Anbietern.

Ich persönlich arbeite übrigens am liebsten mit Zoom, da ich mit diesem System schon lange arbeite und sehr zufrieden bin. Alternativ auf Wunsch von Kundinnen arbeite ich inzwischen

auch gut mit MS Teams.
Was ist jetzt noch wichtig? Gibt es eine besondere Online-Etikette? Ich finde: Ja!

Etikette bei Online-Meetings

Wenn du zu einem Meeting eingeladen hast, dann bist du Gastgeber. Was bedeutet das? In der virtuellen Welt heißt das, du bist „Host“ – Moderator und Gastgeber. Und wie auch in der Offline-Welt bedeutet das, du begrüßt die Gäste und schaffst eine Atmosphäre, in der sich alle wohlfühlen. Du kannst auch Musik im Hintergrund einspielen. Das geht bei einigen Streaming-Dienstleistern auch direkt über das Tool. Oder du organisierst dir ein einfaches Video-Mischpult, das auch noch viel mehr kann. Beispielsweise Sound-Module mit einbauen, Bilder, Musik und Überblendungen auf Knopfdruck anwenden. Ich bin allerdings nicht so ein Technik-Experte, dass ich das selbst könnte. Dafür buche ich mir Experten dazu. Das ist aber nur wichtig für meine Vorträge und Trainings bei meinen Kundinnen. In internen Firmen-Meetings wirst du das in der Regel nicht benötigen. Außer du bist technikbegeistert und möchtest es ausprobieren. Denn Spaß macht es auf jeden Fall!
Wenn du alle begrüßt hast, dann moderiere den Termin auch entsprechend an, sodass allen klar ist, worüber jetzt gesprochen wird. Erwähne das Ziel des Meetings und deine Absichten, Regeln und Wünsche. Das klingt vielleicht erst mal banal, aber da viele

mehrmals täglich in unterschiedlichsten Meetings sind, kann man schon mal den Überblick verlieren. Daher ist es für alle eine gute Orientierung. Eröffne das Meeting, indem du alle in die Session einlässt, namentlich begrüßt und bestätigst, dass du sie siehst, hörst, wahrnimmst. Hier ist auch wichtig, dass sich alle mit ihrem Klarnamen in der Session angemeldet haben. Manche verwenden gerne Kürzel, unter denen man dann aber nicht erkannt werden kann. Oder wenn mehrere Personen ein Gerät verwenden, dann kann es schon mal zu Verwechslungen kommen. Mir ist es auch schon mal passiert, dass ich unter dem Namen meiner Tochter in einer Zoom-Session war, weil sie vorher den Laptop für ihren Online-Unterricht verwendet hat. Alle haben sich über den Vornamen gewundert, weil sie mich ja unter meinem Namen kennen. Also auch das kann passieren. Aber dann ist der Name ja glücklicherweise rasch geändert.

Baue regelmäßig **Pausen** ein: idealerweise alle 60 Minuten und spätestens nach 90 Minuten. Pausen kann jeder individuell nutzen, beispielsweise um persönlichen Bedürfnissen nachzugehen, Mails zu checken, sich mit Tee, Kaffee, frischem Wasser zu versorgen. Oder gerne auch mal kurz an die frische Luft zu gehen – auf den Balkon, in den Garten oder ans geöffnete Fenster.

Wenn du jemanden direkt ansprichst, ruf zuerst den Namen auf, sodass der oder die Angesprochene entsprechend antworten kann. Übrigens ist es in größeren Gruppen auch wichtig, dass alle, die gerade nicht sprechen, ihre Mikrofone ausschalten. Sonst hört

man manchmal Störgeräusche aus dem Hintergrund, die ablenken können.
Und bitte keine Monologe über 5 bis 10 Minuten! Binde wenn möglich die Teilnehmenden immer wieder mit ein: Baue Fragen ein, die über den Chat beantwortet werden können. Organisiere ein Quiz zur Auflockerung oder frag einfach mal in die Runde, wie es allen gerade geht. Die Teilnehmenden werden es dir danken und die Aufmerksamkeit bleibt länger erhalten. Was auch noch für alle Spaß machen kann, sind verschiedene interaktive Tools, die zur Einbindung der Teilnehmenden verwendet werden können. Einige davon wurden auch früher schon auf Offline-Konferenzen genutzt, um alle digital zu aktivieren. Ich kenne beispielsweise von der GSA Convention (die Jahresveranstaltung der German Speakers Association) Mentimeter für Abstimmungen, Fragen, Feedbacks oder Padlet als digitalen Ersatz der klassischen Pinwand aus der „analogen Welt".
Falls jemand technische Schwierigkeiten hat, warte kurz und kommuniziere allen anderen, dass du kurz auf XY wartest wegen technischer Schwierigkeiten. Warte nicht zu lange. Denn inzwischen sollten alle so weit auf dem technischen Stand sein, dass kein extra Support nötig ist. In jedem Fall kann es hilfreich sein, die Mobilnummern der Teilnehmenden zu haben, damit man sich kurz absprechen kann, woran es liegt. Ich erlebe regelmäßig, dass sich die Menschen den Link zum Call nicht speichern und dann nicht wissen, wie sie in die Session kommen. Daher schalte ich

mein Handy auch nur auf lautlos und nicht komplett ab. Damit ich im Zweifel doch helfen kann.

Was ist noch wichtig, vorher zu klären? Kamera an oder aus? Hier kommt es wirklich drauf an, was es für ein Meeting ist und auch wie lange es dauert. Es kann beispielsweise für Sessions, in denen jemand lange spricht, besser sein, wenn die Teilnehmenden die Kamera ausschalten dürfen. Ich habe kürzlich in einem Online-Meeting jemanden gesehen, der das Gesicht nah an der Kamera hatte und dann anfing, sein Frühstück zu kauen. Kein schöner Anblick. Dann klingelte auch noch das Mobiltelefon und er hat einfach fröhlich telefoniert. Zum Glück lautlos – also sein Ton war ausgeschaltet –, aber es war nicht wirklich würdigend, wohlwollend und wertschätzend dem Referenten gegenüber. Dann doch lieber Kamera aus. Wenn du aber für dich das Gefühl hast, dass du dann gar keine Reaktion mehr bekommst, dann bitte dein Publikum, die Kameras anzulassen.

Zum Abschluss gibt es noch ein paar Warm-up-Übungen für Video-Konferenzen und Workshops

Zu Beginn fangen wir doch mal mit einem klassischen Kennenlern-Spiel an. Das geht übrigens auch bei Menschen, die sich schon kennen, denn man findet immer mal wieder neue Dinge heraus und je nach Frage geht es auch um die aktuelle Tagesform oder sonstige aktuelle Themen.

Das Spiel heißt: Jeder, der …

Vielleicht hast du es sogar schon mal gespielt? Bei der Online-Variante gibt es noch eine besondere optische Erfahrung: Alle Teilnehmenden decken ihre Webcams mit Zetteln oder bunten Tüchern ab. So ergibt sich oft ein schönes, buntes Mosaik und eine Interaktion miteinander, die eine wenig virtuelle Seite hat. Das ist ein schöner Effekt, um ein Video-Meeting oder Online-Seminare zu eröffnen.

Und so funktioniert das Spiel: Alle Teilnehmenden sollten einen Klebezettel oder ein buntes kleines Tuch zur Hand haben, mit dem sie zu Beginn ihre Kamera zudecken. Wenn alle die „Galerie-Ansicht“ aktiviert haben, so entsteht ein buntes Mosaik.

Nun fragst du als Moderator eine „Jeder, der …“-Frage. Das kann zum Beispiel sein:

„Jeder, der im Homeoffice die Kinder nebenher betreut.“

„Jeder, der eine Katze auf der Tastatur liegen hat.“

„Jeder, der sich auf den Feierabend freut.“

„Jeder, der von Anfang an am Projekt beteiligt ist.“

Jeder, auf den die Frage zutrifft, deckt nun die Kamera ab.

So können auch alle auf einen Blick sehen, auf wen die Frage zutrifft – das schafft auch Verbindungen und Gemeinsamkeiten.

Weitere Ideen für gute Kennenlern-Fragen:

Fragen zum Wohlbefinden:

- Jeder, der gut geschlafen hat.
- Jeder, der lecker gefrühstückt hat.
- Jeder, der im Mittagstief hängt.
- Jeder, der sich heute schon bewegt hat.

Fragen zum Projekt

- Jeder, der denkt, wir liegen gut in der Zeit.
- Jeder, der noch Themen hat, die noch nicht besprochen wurden.
- Jeder, der sich Sorgen macht um XXX.

Ansonsten ist hier der Kreativität quasi keine Grenze gesetzt. Es gehen auch Fragen zum Wetter (das ist ja von Region zu Region unterschiedlich), zu sozialem Engagement, zur Online-Sichtbarkeit in Social Media etc. Und natürlich gibt es noch mögliche Fragen zu projektbezogenen Themen.
Denk dran, dass du den Teilnehmenden idealerweise vor dem Seminar die Info gibst, dass sie etwas Farbenfrohes brauchen, um die Kamera abzudecken. So kann sich jeder schon was Passendes bereitlegen.

Das Farben-Spiel

Dieses Auswärmspiel ist klasse, weil es so unkompliziert und einfach ist. Hier ist wichtig, dass alle ihre Kamera eingeschaltet haben. Bei dem Aufwärmspiel sollen alle Teilnehmenden bestimmte Dinge in ihrer Umgebung suchen. Das hat gleich zwei schöne Effekte: Zum einen steht man einfach mal auf und bewegt sich etwas. Zum anderen erfahren wir auch etwas über die direkte Umgebung der anderen Teilnehmenden. Oft entstehen dabei auch komische Situationen und es gibt etwas zu lachen.

Wie geht das Spiel genau?

Nach einer kurzen Erklärung der Spielregeln sagt man eine Farbe an. Alle Spieler suchen dann einen Gegenstand in ihrer direkten Umgebung, der diese Farbe hat. Jeder, der einen passenden Gegenstand gefunden hat, hält ihn in die Kamera. So lange, bis alle einen Gegenstand haben. Jeder hat also genug Zeit, die anderen Gegenstände anzusehen (und die anderen über ihre Umgebung so etwas kennenzulernen). Der oder die Letzte, die einen Gegenstand gefunden hat, sagt die nächste Farbe an. Das Spiel funktioniert in kleinen wie in großen Gruppen. Bei großen Gruppen empfehle ich, dass du als Moderatorin oder Moderator dann die nächste Farbe ansagst, denn das kann in einer größeren Gruppe schwieriger sein zu ermitteln, wer als Letzter den Gegenstand in die Kamera gehalten hat.

Ich freue mich, wenn dir meine Erfahrungen und Erkenntnisse aus unzähligen Stunden Online-Trainings, -Vorträgen, -Workshops und sowie Coachings und Meetings geholfen haben. Jetzt wünsche ich dir viel Spaß bei der Umsetzung und viel Erfolg bei deinen nächsten Online-Meetings und Videokonferenzen!

Souveräner Umgang mit Fehlern und Pannen

Jetzt bist du gut gerüstet für deinen kommenden Auftritt. Aber was, wenn es plötzlich unvorhergesehene Ereignisse oder Pannen gibt? Wie gehst du damit um? Am besten mit Humor! Und mit Geduld und Souveränität.

Mir ist mal ein riesiger „Schnitzer" bei der Moderation einer Abendgala passiert. In diesem Falle nenne ich den Namen des Kunden, denn er hat es glücklicherweise mit viel Humor genommen und das Publikum auch. Nur ich selbst war damals dazu nicht in der Lage. Heute kann ich herzhaft darüber lachen.

Es handelte sich um die 50-Jahr-Feier der BSK (Bundesfachgruppe Schwertransporte und Kranarbeiten). Neben mir als Moderatorin traten auch noch Musiker und Comedians auf. Außerdem gab es eine Verlosung, eine Ehrung langjähriger Mitglieder und vieles mehr. Alles lief fantastisch, das Menü und der Service waren hervorragend und die Stimmung wunderbar. Kurz vor meiner

Abmoderation des Abends hatten die Comedians ihren Auftritt und es wurde natürlich viel gelacht. Dann kam ich erneut auf die Bühne, moderierte die Comedians ab und kündigte die Band an, die dann den restlichen Abend zum Tanz aufspielte. Ich war fast fertig. In meinem letzten Satz passierte es. Ich sagte voller Begeisterung mit einem strahlenden Lächeln: „Nun wünsche ich Ihnen noch einen wundervollen Ausklang des Abends, genießen Sie die Band, tanzen Sie ausgiebig und freuen Sie sich auf die nächsten 50 Jahre BSE!“

Ich weiß nicht, warum ich BSE sagte. Es war noch nicht mal akustisch vergleichbar mit dem eigentlichen Namen BSK. Vielleicht lag es auch an der Stimmung der Comedians oder daran, dass es mein letzter Satz war – vielleicht war ich nicht mehr bis zur letzten Sekunde achtsam und konzentriert.

Ich war fassungslos. Die Gäste dagegen bogen sich vor Lachen!!! Nur ich selbst war völlig schockiert. Ich faselte noch etwas von: „Ich hätte eigentlich Comedian werden sollen ...“, wünschte allen noch einen schönen Abend und ging nach hinten von der Bühne ab. (Bisher war ich immer von der Seite auf die Bühne gekommen.)

Dann musste ich aber wieder in den Saal, denn zum einen waren dort noch meine Unterlagen und ich wollte mich ja auch noch von meinem Kunden verabschieden. Auf dem Rückweg in den Saal liefen Gäste an mir vorbei, die immer noch lachten und sagten „50 Jahre BSE – das war ja ein Knaller!“

Mir war das so peinlich, dass ich die Gäste nicht anschauen konnte und ohne Reaktion an ihnen vorbeilief. Ich tat so, als hätte ich sie nicht gehört. Das war schade, denn es wäre eine gute Gelegenheit gewesen, gemeinsam mit ihnen lachen zu können. Mein Fehler hatte niemandem wehgetan, ich hatte ja niemanden beleidigt oder verunglimpft – im Gegenteil, die Gäste hatten sich köstlich amüsiert. Doch für mich war es eine Katastrophe, denn es war eben nicht perfekt. An dem Abend habe ich gelernt: „Perfektion ist eine Illusion – Vollkommenheit ist das Ziel!" Auch der Kunde, von dem ich mich peinlich berührt verabschiedete, hat sich sehr bei mir bedankt und die Panne war für ihn nicht der Rede wert. Im Gegenteil, er hat mir sogar noch eine tolle Referenz geschrieben und zwei Tage später war mein Honorar auf dem Konto! Als ich ihn daraufhin anrief und mich bedankte, sagte er, das sei doch eine Ehrensache, ich hätte ja auch einen großartigen Job gemacht. Ich war so dankbar! Du siehst, nur ich selbst habe aus dieser kleinen Sache ein Drama gemacht. Und zugegeben: auch viel dabei gelernt. Vor allem zwei Dinge:

1. Fehler passieren – nimm es gelassen und lach im Zweifelsfall einfach mit.
2. Sei bis zur letzten Sekunde auf der Bühne konzentriert und „im Augenblick"!

Inzwischen bin ich dadurch glücklicherweise viel gelassener.

Gut so, denn, wie gesagt, solche Momente können immer mal wieder um die Ecke kommen. Möglicherweise wäre ich sonst bei der folgenden Situation nicht so entspannt geblieben:

In einem sehr großen und bekannten Frankfurter Einkaufszentrum habe ich die große Frühjahr-Sommer-Modenschau moderiert. Zu dem Outfit, das ich trug, hatte ich schöne Lackschuhe aus einem Schuhhaus tragen dürfen. Die Schuhe waren auch super bequem. Nur hat Lack leider eine ungünstige Eigenschaft: Wenn die Schuhe während des Gehens aneinandergeraten, dann klebt der Lack aneinander.

Auf diese Weise verlor ich bei einem meiner Auftritte direkt zu Beginn auf der Bühne einen Schuh! Und alle hatten es gesehen, denn ich war ja kurz davor, meine nächste Moderation zu beginnen! Was also tun? Einfach anziehen, weitermachen und so tun, als wäre nichts geschehen? Das ging nicht, denn alle hatten es gesehen! Also hob ich den Schuh auf und zeigte ihn den Besuchern. (Es ging während der Modenschau auch darum, den Schuh des Schuhhauses entsprechend zu präsentieren.) Ich erklärte den Besuchern, was für ein wunderschöner und vor allem bequemer Schuh dies war. (Und das war übrigens wirklich so – ich habe mir den Schuh später auch gekauft!) Um auf meinen kleinen „Fehltritt" hinzuweisen, sagte ich: „Ich verspreche Ihnen, ich übe noch ein bisschen und Sie probieren den Schuh einfach nachher selbst einmal an ..." Dann habe ich mir den Schuh wieder angezogen und weitermoderiert. In den weiteren acht Shows der kommenden Tage ist es mir auch nie wieder passiert.

Natürlich gibt es auch andere Möglichkeiten zu reagieren: Du kannst nach dem Prinzen fragen, der jetzt nach dem Schuh sucht. Du kannst sagen, dass du jetzt endlich verstehen kannst, wie es möglich war, dass Cinderella ihren Schuh verloren hat ... oder, oder, oder. Hauptsache, du nimmst es mit Humor.

Kritische Fragen – Was nun?

Oft werde ich in meinen Seminaren und Vorträgen von den Teilnehmern auch zu diesem Thema befragt. Denn was, wenn aus dem Publikum oder meiner Gesprächsrunde kritische Fragen kommen? Wie souverän darauf reagieren, ohne sich aus dem Konzept bringen zu lassen?

Zunächst einmal ist es wichtig, dass du dankbar dafür bist. Warum? Weil derjenige sich intensiv mit deinem Thema beschäftigt hat, dir zuhört und nun zum besseren Verständnis eben nachfragt. Also danke ihm oder ihr auch direkt dafür. Das kannst du mit einem Lächeln tun oder auch verbal, indem du sagst: „Vielen Dank für diese interessante/wichtige Frage. Schön, dass Sie das fragen."

Zum einen ist es immer nett, wenn wir andere loben und uns bedanken. Zum anderen ist es auch für dich hilfreich, denn so verschaffst du dir ein wenig Zeit für die Antwort. Und nun ist eben spannend, wie es weitergeht: Kannst du die Frage beantworten, dann tu das ganz einfach an der Stelle. Es wird allerdings erst richtig spannend, wenn du nicht gleich eine Antwort auf die Frage hast. Hier hast du mehrere Möglichkeiten zu reagieren. Zum einen kannst du dir überlegen, ob du das Publikum einbeziehst. So könntest du dann an der Stelle zum Beispiel sagen: „Darauf habe ich momentan keine Antwort – aber fragen wir doch einfach das Publikum oder die anderen Anwesenden." Vielleicht ist dein Thema aber ein absolutes Experten-Thema und das Publikum weiß garantiert keine Antwort. Dann biete gerne an, dass du dich schlaumachst und dich bei dem Fragenden meldest. Entweder im Anschluss an den Vortrag oder auch ein paar Tage später. In diesem Fall bitte den Fragenden nach deiner Präsentation oder deinem Vortrag einfach um seine Visitenkarte. Wenn die Frage bzw. Antwort auch für die anderen Zuhörer relevant ist, kannst du die Antwort auch auf einem Blog veröffentlichen. Eine weitere Möglichkeit besteht darin, dass du von allen Interessierten die Visitenkarten einsammelst und ihnen zeitnah eine Antwort zusagst.

Du kannst genauso gut auch sagen, dass du gerne kurz über die Frage nachdenken möchtest. Ich habe das selbst mal in einem Workshop so erlebt: Ich wurde gefragt, ob ich bei einer Info-Veranstaltung, bei der ein neues Produkt präsentiert werden sollte, auch gleich den Preis nennen würde. Darauf hatte ich spontan keine Antwort. Also habe ich dem Fragenden gedankt und gesagt, dass ich gerne kurz darüber nachdenke. Ich habe mich dann innerlich gefragt: Wie würde es mir als Kunde gehen, wenn ich gleich noch den Preis genannt bekommen würde? Hätte ich dann

Lust, das Produkt zu kaufen, oder würde ich mich fühlen wie auf einer Butterfahrt? Meine Antwort habe ich dann ganz spontan gefühlt und gesagt, dass ich keine Preise nennen würde, aber bei Interesse gerne im Anschluss zu Gesprächen zur Verfügung stehe.

Spannend fand ich die Reaktion des Fragenden: Denn der sagte, dass es genauso auch ein renommiertes Marketing-Institut handhaben würde, das er dazu bereits befragt hatte.

Ich war ehrlich überrascht, da er ja die Antwort im Prinzip schon kannte. Und ich war dankbar dafür, dass ich mir einen Augenblick Zeit genommen hatte, die (vor allem für mich) richtige Antwort zu erspüren. Du siehst, auch hier gilt: Geh in dein Vertrauen. Du hast oft ein viel tieferes und intuitives Wissen, als dir direkt bewusst ist.

Was kannst du tun, wenn ein und dieselbe Person immer wieder störend und provokativ zwischenfragt? Hier empfehle ich dir, dass du dem Fragenden noch mal dankst, dass er so aktiv dabei ist und sich an deinem Vortrag beteiligt. Dann sag ihm, dass du das Gefühl hast, dass da noch mehr Fragen schlummern und du dich gerne im Anschluss an deine Präsentation oder deinen Vortrag persönlich mit ihm vertiefend unterhalten kannst. Dass er nun bitte Verständnis habe, dass du deine Präsentation/deinen Vortrag zügig fortsetzen möchtest, um auch alle weiteren Aspekte noch anzusprechen, die du vorbereitet hast, und möglicherweise werde dadurch die ein oder andere Frage, die noch im Raume stehe, gleich mit beantwortet.

Wichtig ist bei kritischen Fragen in jedem Fall, dass du eine offene

Körperhaltung zeigst und auf den Fragenden offen zugehst. Wie gesagt, gerne auch mit einem Lächeln. Gehst du bei einer Frage einen Schritt zurück und verkreuzt vielleicht sogar noch die Arme vor der Brust, zeigt das, dass du nicht offen für die Frage bist und dich davor verschließt. Also bleib immer offen, positiv und neugierig. Dann wirst du auch diese Situationen souverän meistern.

Stimme weg oder zu hoch?

Ich möchte an dieser Stelle auf zwei Themen eingehen, die immer wieder in meiner Coachingpraxis auftauchen. Vielleicht kommen sie dir bekannt vor?

Stimme weg bei schweren Themen

Eine meiner Klientinnen hatte die Aufgabe, bei einer Mitarbeiterversammlung den Anwesenden zu verkünden, dass das Unternehmen aufgrund der lang anhaltenden roten Zahlen nun doch Mitarbeiter entlassen müsse. Allein die Tatsache machte ihr selbst schwer zu schaffen, und nun noch als Führungskraft die Aufgabe zu haben, dies zu verkünden, war für sie eine besondere Herausforderung. Bei ihr äußerte sich das so, dass sie fast keine Stimme mehr hatte. Sie schaffte es, auf der Versammlung zu sprechen, aber mit einer sehr belegten und brüchigen Stimme. Da half auch keine Lutschpastille oder ein Schluck Wasser.

Warum ist das so, dass uns in manchen Situationen die Stimme versagt? Es ist ein Trick unseres Körpers. Weil wir nichts sagen wollen, versagt unsere Stimme und wir können nichts sagen. Hier geben wir also unsere Macht ab und können die Schuld der Stimme zuschieben. Was haben wir also nun für Möglichkeiten, weiterhin unsere Stimme „im Griff zu haben"?

Am besten setzen wir uns ehrlich mit dieser Situation auseinander: Wie geht es uns in dem Moment? Was empfinden wir für unsere Mitarbeiter? Was möchten wir ihnen als Botschaft vermitteln? Wenn wir uns damit ehrlich auseinandersetzen, kann und wird das in der oben beschriebenen Situation schmerzhaft sein. Denn sicherlich hat meine Klientin Mitgefühl für ihre Mitarbeiter gehabt und hätte ihnen diese schlechte Nachricht am liebsten gar nicht überbracht. Aber nun tat sie es und wollte nicht.

Hier hilft auch oft das berühmte „Change it, love it or leave it". Das meint „Ändere es, liebe es oder lasse es". Wenn du es nicht ändern und auch nicht lassen kannst, dann kannst du es nur lieben. Hier bedeutet lieben annehmen.

Denn sicherlich wird meine Klientin nicht einfach sagen: Ich liebe es, meinen Mitarbeitern zu sagen, dass ich die Hälfte der Belegschaft kündigen muss. Aber sie hat die Chance zu überlegen, welche Botschaft sie vermitteln möchte. Sie hat die Chance, allen Mitarbeitern an der Stelle für ihre Treue und gute Arbeit zu danken. Sie hat die Chance, den Mitarbeitern Mut zu machen und neue Wege aufzuzeigen. Sie hat hier also nicht die Wahl ob, sondern was sie zu ihrer Belegschaft sagen kann.

In dem Moment, in dem wir uns für unsere Botschaft entscheiden, ein Ziel haben, sind wir wieder in unserer Stärke. Und zwar dennoch mit Mitgefühl und Verständnis. Das ist der große Unterschied.

Hier kann ich auch von einem eigenen Erlebnis berichten.

Am 14. November 2015 habe ich in Stuttgart den 4. Feminess Kongress moderiert. Du erinnerst dich vielleicht noch an das Datum. Es war der Morgen nach den Anschlägen in Paris. Direkt nach dem Aufstehen habe ich im Internet davon gelesen und war erschüttert. Zumal meine Schwester mit ihrem Partner zu der Zeit in Paris war. Ich habe sie verzweifelt versucht zu erreichen, aber erfolglos. Also bin ich morgens sehr aufgewühlt zum Kongress gefahren und wusste nicht, wie ich damit umgehen sollte. Glücklicherweise meldete sich meine Schwester dann. Sie hatte gar nichts mitbekommen, denn sie hatte ihr Handy ausgeschaltet. Doch sie waren in einem Hotel im Marais untergebracht, in dem Viertel, in dem auch eines der Attentate stattgefunden hatte.

Ich war also nach wie vor beunruhigt, denn keiner wusste ja, ob es noch weitere Anschläge geben würde. Am Veranstaltungsort angekommen war das natürlich für viele ein Thema. Einige hatten auf dem Weg im Auto durch das Radio davon erfahren. Andere erst auf dem Kongress durch Gespräche. Die Geschehnisse standen also im Raum und bedrückten viele. Ich sprach mit der Veranstalterin Marina Friess darüber, was wir machen sollten. Es war klar, dass wir den Kongress auf jeden Fall stattfinden lassen wollten. Aber es war auch klar, dass wir die Ereignisse nicht unkommentiert lassen konnten. Zusätzlich war ich auch noch emotional bewegt, da vier Tage zuvor mein Vater nach schwerer Krankheit gestorben war. Mir kamen also permanent die Tränen.

(Übrigens war es bisher auch die einzige Gelegenheit, bei der ich in einem schwarzen Outfit moderiert habe.)

Ich entschied mich, zu Beginn meiner Begrüßung mit den Teilnehmern zu sprechen und zu erzählen, was passiert war und wie es uns damit ging.

Hier meine spontane Rede zur Begrüßung: „Ihr Lieben, einen wundervollen guten Morgen, der nicht unbedingt so wundervoll ist. Ich habe einen ganz anderen Plan gehabt, wie ich heute hier begrüße. Aber mir ist ganz, ganz wichtig, dass wir kurz darüber reden, was heute Nacht in Paris passiert ist und was zeitgleich auch in Beirut passiert ist und wer weiß wo sonst noch auf der Welt. Warum ist es mir wichtig, dass wir darüber sprechen? Weil ich auf den anderen Feminess-Kongressen, auf denen ich bisher war, auch erlebt habe, dass es eine großartige Energie ist, wenn so viele Frauen auf einem Fleck sind und über ihr Business reden und über Ideen, Marketing und Kreativität. Das hat immer ganz viel mit Liebe und Leidenschaft zu tun. Und ich finde es ganz wichtig, dass Ihr so weitermacht. Es geht immer um Liebe und es geht immer um Leidenschaft und wenn wir heute ein Zeichen setzen für die Liebe in der Welt, dann haben die anderen keine Chance. Und darum sollten wir uns jetzt am Anfang einfach einigen und sagen: Wir erleben heute einen ganz tollen Tag und wir netzwerken heute miteinander und wir bauen ganz viel Energie auf, damit das Leben weitergeht. Damit ganz viel Energie in der Welt ist, damit die Liebe eine Chance hat, denn nur dann kann die Welt überleben und nur dann kann sie eine bessere werden! Und das wünsche ich mir sehr, dass Ihr alle diesen Weg mit uns geht. Und wenn zwischendrin Trauer ist, dann ist es okay. Meine Schwester ist auch gerade in Paris. Ich weiß, es geht ihr gut, aber man weiß ja auch nicht, wie es weitergeht. Vielleicht hat die eine oder andere von euch auch Verwandte, Freunde, Bekannte in Paris. Wir dürfen heute auch fühlen und wir dürfen auch traurig sein und bewegt sein. Aber lasst euch davon nicht überwältigen. Lasst die Liebe einfach stärker sein. Ich danke euch!"

Ganz spannend fand ich, dass ich während meiner Rede nicht eine Sekunde lang weinen musste. Ich hatte mich darauf innerlich vorbereitet, weil ich ja vorher so viel weinen musste. Und dann dachte ich: „Okay, wenn du da jetzt auf diese Bühne gehst und weinen musst, dann ist es auch in Ordnung. Dann weine ruhig." Aber in dem Moment, in dem ich mich auf meine Botschaft konzentriert hatte, auf unsere Stärke, unser Ziel der Veranstaltung und ich ja auch selber stark sein wollte, war ich stark. Keine Träne, kein Beben, kein Zittern. Weil es in dem Moment keinen Platz hatte. Weil meine Absicht Stärke war.

Du hast also in jedem Augenblick die Wahl (wie bereits weiter vorne im Buch beschrieben):

- Was ist mein Ziel?
- Wie möchte ich wirken?
- Was möchte ich erreichen?
- Wie möchte ich meine Zuschauer begeistern/überzeugen?
- Was brauche ich jetzt, damit es mir gut geht?

Richte deine Konzentration auf diese Dinge – und du wirst merken, wie viel stärker deine Stimme dann ist!

Die Stimme ist zu hoch

Ein anderes Beispiel erlebe ich in meiner Praxis oft zum Thema Stimmlage: Eine Klientin von mir, Apothekerin von Beruf, hatte eine recht hohe Stimmlage. Die Stimmlage wirkte unnatürlich hoch. Für sie selbst war es auch anstrengend, lange mit ihren Kundinnen und Kunden zu sprechen. Sie musste sich immer wieder für einige Zeit zurückziehen.

Ich machte mit der Klientin meine Lieblingsübung „Definition Traumberuf". Du findest sie auf Seite 124.

Die Apothekerin fing an, über ihren Kindheitstraum zu reden. Denn schon als sie noch ganz klein war, war es ihr Traum, Ärztin zu werden ... Sie beschrieb weiter ausführlich ihren Traumberuf und dass sie ja inzwischen immerhin auch Naturheilpraktikerin sei und viel mit Kräutern und Naturarzneien arbeitet. Und wie sie so weitererzählte, fiel ihr auf, dass sie ihren Traumberuf schon längst lebte. Nämlich den der Apothekerin. Und während sie das erkannte, rutschte ihre Stimme plötzlich auf ihr natürliches Level. Sie hatte auf einmal eine Stimmlage, die zu ihr passte. Sie war jetzt im wahrsten Sinne des Wortes auch hörbar bei sich angekommen - und natürlich auch sehr glücklich und erleichtert zu erkennen, dass sie ihren Traum schon lange und erfolgreich lebte.

Das war auch für mich als Coach ein sehr spannendes und wichtiges Erlebnis und ich bin dankbar und glücklich, dass ich meine Klientin auf diesem wichtigen Schritt begleiten durfte.

Erfolgreich moderieren

Da ich inzwischen auch regelmäßig Moderationsseminare und Einzelcoachings gebe, habe ich dieses Kapitel mit in dieses Buch aufgenommen. Es ist mir wichtig, all diejenigen zu unterstützen, die gerne Veranstaltungen oder Sendungen moderieren möchten, sei es im privaten Bereich (für Geburtstage oder Hochzeiten), in der Vereinsarbeit oder beruflich als Moderatorin oder Moderator.

Alle Informationen zum Thema Moderation könnten ein eigenes Buch füllen, doch ich gebe dir hier eine Fülle von Tipps und Infos, die leicht sind und die du direkt anwenden kannst.

Fangen wir mit dem Thema „Zeitplan" an.

Zeitplan: Was mache ich wann?

1. Vertrag an Kunden senden

Deine Buchung vom Kunden steht. Du freust dich. Was tust du jetzt? Du sendest deine Vertragsunterlagen an den Kunden.

Warum einen Vertrag? Bei privaten Moderationen ist dies natürlich nicht nötig, aber für berufliche Moderationen sehr empfehlenswert. Warum? Weil es einfach alle wichtigen Details regelt und so beide Seiten Klarheit haben. Natürlich gilt bei Verträgen auch die mündliche Zusage. Aber was, wenn dein Vertragspartner möglicherweise verhindert ist, aus dem Unternehmen ausscheidet, plötzlich krank wird oder Ähnliches? Wenn dann schriftlich nichts festgehalten ist, kann es sein, dass du in der Luft hängst, dich möglicherweise schon vorbereitet hast, aber keinen Auftritt hast und kein Honorar bekommst!

Was muss in den Vertrag hinein:

- der Name des Events, Datum, Zeit und Ort der Moderation
- beide Vertragspartner (du und der Kunde) mit Anschriften (so hast du auch gleich eine Rechnungsanschrift)
- die Höhe des Honorars
- Wer übernimmt die Kosten für das Outfit?
- Zahlungsdatum
- Wer übernimmt die Fahrt- und Übernachtungskosten? Der Kunde oder du selbst?
- Stornofristen!
- der Gerichtsstand

Warum sind Stornofristen so wichtig? Weil du dir natürlich den Termin für den Kunden freihältst. Wenn der Kunde dann kurzfristig absagt, fehlt dir der Umsatz und du hast vielleicht andere Anfragen dafür abgesagt. Ich habe immer eine Staffelung: Beispielsweise bis 48 Tage vor Event kostenfrei stornierbar. Ab

48 Tage vor Event 20 % Stornogebühr (richtet sich nach dem vereinbaren Honorar). 30 Tage vorher 50 %, 20 Tage vorher 80 %, 7 Tage vorher 100 %.

Was steht noch im Vertrag? Alles, was für dich wichtig ist.

2. Nächster Schritt: Outfit planen

Warum schon bei Buchung? Manche Outfits brauchen mehr Zeit. Ich habe mal eine Gala moderiert, für die der Kunde den Wunsch hatte, dass ich ein Kleid trage, das hochgeschlossen und langärmelig ist. So ein Kleid habe ich nicht im Schrank und die Designerinnen, die mich gerne für Veranstaltungen ausstatten, in der Regel auch nicht. Hier hilft eine längere Vorlaufzeit für die Planung: Wo bekomme ich mein Kleid her? Kann ich es online bestellen? Hat es längere Lieferzeiten? Oder lasse ich es mir schneidern? Das alles braucht Zeit.

Wenn du dir dein Outfit anfertigen lässt, dann hast du möglicherweise noch Anproben-Termine. Plane hier wirklich rechtzeitig. Da ich für diese Moderation, wie gesagt, ein besonderes Kleid benötigte, konnte ich es mir rechtzeitig organisieren und der Kunde hat sogar die Kosten dafür übernommen! Es ist immer alles eine Frage der Absprachen und der Organisation. Das Kleid habe ich übrigens heute noch und konnte es für eine private Feier erneut tragen. Auch das kann übrigens Teil der Vertragsverhandlungen sein.

Ein weiteres spannendes Erlebnis war, als ich für eine Moderation ein goldenes Kleid brauchte. Gold war das Motto des Abends.

Allerdings hatte der Veranstalter mich darüber leider nicht informiert. Ich habe es durch Zufall eine Woche vor dem Event im Internet gelesen. Also habe ich nach einem goldenen Kleid gesucht, aber das Event fand im Frühling statt (zu Weihnachten und Silvester wäre es auf jeden Fall leichter gewesen, ein goldenes Kleid zu finden). Jetzt gab es nur Pastell-Töne. Also habe ich auf meinem facebook-Account geschrieben, dass ich ein goldenes Kleid suche. Eine Designerin hat sich dann auch gleich bereit erklärt, mir ein Kleid zu schneidern. Nun waren es inzwischen nur noch fünf Tage bis zum Event. Aufgrund des Zeitmangels habe ich ihr meine Maße gesendet, wir hatten eine Anprobe und sie hat mir versichert, dass sie mir das Kleid zum Event bringen würde. Eine Stunde vor Beginn meiner Moderation kam sie an, denn ihre Nähmaschine war kaputtgegangen, und so hatte sie den letzten Feinschliff von Hand genäht und mir vor Ort auch noch manche Naht mit Sicherheitsklammern festgesteckt. Das war wirklich ein sehr knappes Timing! Früher hätte mich das komplett aus der Ruhe gebracht, aber nach einigen Jahren Erfahrung war ich glücklicherweise schon viel gelassener und es hat dann ja auch alles geklappt!

3. Ggf. Friseur-Termin buchen

Dies ist vor allem für uns Damen wichtig, denn vielleicht hast du einen besonderen Frisurenwunsch für dein Outfit? Oder du buchst gleich eine Visagistin, die auch noch das Make-up macht? Lässt du dich dann zu Hause stylen oder vor Ort im Hotel oder der Location? All das will frühzeitig geplant werden, denn die guten Visagistinnen sind natürlich auch gut im Voraus gebucht.

4. Reiseplanung

Auch hier ist es gut, wenn du dich frühzeitig an die Planung machst: Reist du mit dem Flugzeug, der Bahn oder dem Auto an? Mit dem Auto hast du in der Regel keine große Planung, es sei denn, es sind besondere Wetterverhältnisse zu erwarten. Dann empfehle ich auf jeden Fall eine Anreise am Vortag. Per Bahn oder Flugzeug hast du in der Regel günstigere Konditionen, wenn du so früh wie möglich buchst. Hier empfehle ich dir, ein stornierbares Ticket zu kaufen, denn sollte das Event abgesagt werden, ist es besser, wenn die Reiseplanung keine Kosten aufwirft.

Zwei bis vier Wochen vor dem Event

Jetzt kannst du anfangen, deine Moderation und deine Präsenz vor Ort zu planen.

- Detailliertere Absprachen
    - Wann wünscht der Kunde, dass du vor Ort bist?
    - Gibt es eine Künstlergarderobe bzw. einen Aufenthaltsraum für dich?
    - Was brauchst du an Verpflegung (Obst, Brezeln, Wasser ...)
- Gespräche mit dem Techniker
    - Wann machst du den Soundcheck? Ab wann ist der Techniker da? Bestelle die Technik, die du brauchst

(Handmikro, Headset ...).

- Absprachen mit den Künstlern/Referenten
  - Wie wünschen sie die Anmoderation? Können sie dir dafür Texte senden? Gibt es etwas, was du auf jeden Fall/auf keinen Fall fragen oder sagen sollst?

Eine Woche vor dem Event

- Moderationskarten beginnen
- letzte Absprachen mit Veranstalter, Technik, Künstlern

Zwei Tage vor dem Event

- Moderationskarten schreiben (es kommen immer noch kurzfristige Änderungen, daher nicht früher fertigmachen)
- Outfit zurechtlegen

Einen Tag vor dem Event

- Moderationskarten drucken (immer Blanko-Karten dabeihaben!)
- Koffer/Tasche packen

Wie gelingt dir die Anmoderation einer Veranstaltung oder eines Top-Redners? Im Folgenden ein paar Beispiele.

Begrüßung bei einer Veranstaltung

Wir sprachen schon über den sogenannten „Opener", die Eröffnung. Natürlich kannst du sagen: „Meine Damen und Herren, liebe Gäste, herzlich willkommen zur Veranstaltung XY in Z! Mein Name ist XX und ich freue mich, Sie hier zahlreich begrüßen zu dürfen ..." Aber das ist nicht spannend!

Es sind Floskeln und das merken deine Zuschauer. Es ist nicht falsch und ich kenne sehr erfolgreiche Moderatorinnen und Moderatoren, die das genau so machen. Aber ich mache es eben anders und es macht mir viel mehr Spaß. Auf den gelungenen Einstieg deines Auftritts bin ich ja schon ausführlich eingegangen, daher einfach hier noch ein kurzes, mögliches Beispiel für dich, wie du an deinen „Opener" anschließt:

- Nach dem „Opener":

Herzlich willkommen! Schön, dass Sie da sind! Ich bin ... Wir haben heute einiges vor und ich freue mich, dass

- Sie alle heute hier sind um ... zu hören
- wir einen ganz besonderen Redner/Gast begrüßen dürfen
- wir ... für uns gewinnen konnten

Suche dir weiter vorne im Kapitel „So gelingt dein Einstieg optimal" die für dich passendsten „Opener" aus und spiele auch auf dem Papier und mit dem Aufnahmegerät mit verschiedenen Möglichkeiten, bevor du dich für die beste entscheidest.

Ankündigung eines Top-Redners

Folgende Anmoderationen sind immer schön:

- Er/Sie ist eine/r der ganz Großen in seiner/ihrer Branche ...
- Bekannt aus Funk und Fernsehen ...
- Buchautor/in und Business-Mensch ...
- Ganz besonders zeichnet ihn/sie aus, dass ...

Wichtig sind die Highlights, wie bei einer Laudatio: Hebe alles hervor, was diesen Menschen auszeichnet. Idealerweise nimmst du vorher Kontakt auf (per Mail oder Telefon) und klärst Wünsche oder recherchierst auf der Website.

Nach den Aspekten, die diesen Menschen auszeichnen, fährst du fort:

- Wir freuen uns ganz besonders, dass wir ihn/sie heute hier begrüßen dürfen! Freuen Sie sich mit einem großen Applaus auf: (Name des Redners)
- Oder: Wir freuen uns sehr, dass er/sie heute exklusiv für uns spricht! Bitte begrüßen Sie mit einem großen Applaus: (Name des Redners)

Wichtig ist hier, eine persönliche Verbindung und Begeisterung für den Top-Redner aufzubauen! Nur wenn du wirklich echt und ehrlich begeistert bist, kannst du dies auch zeigen und authentisch präsentieren.

Wichtig ist außerdem, dass du den Namen der Person zum Schluss nennst, sodass dann der Applaus denjenigen oder diejenige auf die Bühne begleitet.

Abmoderation eines Redners

- Es ist immer sehr gelungen, bei der Abmoderation noch einen kleinen Dialog zu eröffnen. Beispielsweise mit einer Frage: Was mich persönlich ganz besonders beeindruckt hat, war ... Wie haben Sie es geschafft, dass ...?
- Dann noch mal ans Publikum: Wundervoll!/Sehr schön!/ Klasse! Ich bin beeindruckt! Vielen Dank, dass Sie für uns da waren! Bitte noch mal einen großen Applaus für (Name des Redners). Denn so geht er dann auch mit einem großen Applaus wieder von der Bühne herunter.

Hier kann es sehr wichtig sein, vorher mit der Person abzusprechen, was du ihn/sie fragen möchtest. Ich habe schon Speaker erlebt, die es unpassend fanden, dass ich ein unvorbereitetes Interview beginne und sei es noch so kurz. Im Zweifel: Immer alles absprechen, dann bist du auf der sicheren Seite.

Generell empfehle ich dir auch, dass du vor Ort, bevor es losgeht, mit allen, die auf der Bühne eingeplant sind, kurz ein paar Worte wechselst und dich als Moderatorin/Moderator vorstellst. Das kannst du auch mit dem Veranstalter besprechen, der in der Regel alle persönlich kennt und euch miteinander bekannt machen kann. So kannst du vorher auch noch mal etwaige Fragen klären und die Akteure auf der Bühne freuen sich in der Regel, wenn sie dich vorher kennenlernen und wissen, wie du sie anmoderierst oder was du genau geplant hast.

Diskussionsrunden moderieren

Diskussionsrunden sind ein Thema, das viel mehr Raum bräuchte, als ich ihn hier im Buch einräumen kann. Darum gilt hier ganz besonders: Gute Vorbereitung ist alles!

Die Teilnehmer der Diskussionsrunde sollten idealerweise unterschiedlicher Meinung sein, sodass ein Thema kontrovers diskutiert werden kann.

Die Kunst besteht darin, die Diskussion lebendig zu gestalten, ohne dass alles aus den Fugen gerät.

Was sollte auf den Moderationskarten stehen?

- Rückseite: Logo des Kunden/Veranstalters
- Vorderseite: Texte
- wichtig: unbedingt durchnummerieren!

In der Regel haben Moderationskarten die Größe DIN A5 (auf kleinere Karten passt weniger Text und er ist schwer zu lesen). Ich kaufe im Schreibwarenladen klassische A4-Karteikarten (Papierstärke 180 g/Blatt). So passen sie in meinen Drucker. Ich schreibe also den Text der Karten komplett auf A4, drucke mir dann die Karten aus und schneide sie danach erst zu.

Warum ein Logo auf die Rückseite? Zum einen finde ich, dass es immer nett aussieht, zum anderen ist es auch schön, wenn du später mit Fotos und/oder Videos von Events arbeitest und dich damit präsentieren kannst. Dann kann man gleich sehen, auf welchem Event oder für welchen Kunden du unterwegs warst. Es hilft dir auch dabei, die Karten nicht versehentlich beidseitig zu beschriften.

Warum unbedingt durchnummerieren?

Ich war einmal auf einer Veranstaltung, bei der der Moderator die Karten nicht nur nicht nummeriert hat, er hat sie auch beidseitig beschrieben. An zwei Stehtischen standen seine Interview-Partner und er hat sie abwechselnd befragt. Nachdem er mit der ersten Gruppe gesprochen hatte, ist er zu dem zweiten Tisch gegangen, hat aber seine Karten am ersten Tisch liegen lassen. Die Gesprächspartner dort waren offensichtlich neugierig und haben sich die Karten mal genauer angeschaut. Aus Versehen hat einer die Karten fallen gelassen. Gemeinsam hat die Gruppe die Karten dann zwar wieder aufgehoben und auf den Tisch gelegt, aber sie waren total durcheinander. Als der Moderator von der zweiten Gruppe wieder an den ersten Tisch kam, hat er sich in seinen Karten gar nicht mehr zurechtgefunden. Das war natürlich für alle Beteiligten ärgerlich. Wir lernen ja oft am schnellsten durch solche unangenehmen Erfahrungen. Ich hoffe also, dass er seine Karten zukünftig nummeriert. Und du bitte auf jeden Fall, denn nicht jede Erfahrung brauchen wir ja unbedingt selbst machen!

Was frage ich den Veranstalter?

1. Ablaufplan

   Wer ist wann vor Ort?

   Wann findet der Soundcheck statt?

   Wer eröffnet und beendet die Veranstaltung? Du als Moderator/Moderatorin? Oder der Veranstalter selbst? Beides ist möglich, daher bitte vorher klären und besprechen!

   Gibt es eine Startmusik? Eine Art Intro?

2. Wichtige Ehrengäste

   Wer begrüßt diese? Du als Moderator/Moderatorin? Der Veranstalter selbst?

3. Gibt es Sponsoren

   Wenn ja, diese bitte alle alphabetisch auflisten und nennen. Dies kann auch der Veranstalter machen.

4. Kontaktdaten von allen wichtigen Ansprechpartnern vor Ort (Veranstalter, Techniker)

5. Was soll in die Abmoderation?

   Ankündigung Folgeevent?

   Dank an besondere Personen?

   Gute Wünsche (kommen Sie gut nach Hause, einen schönen Sommer ...)

Beispiele von Moderationstexten:

In der Regel schreiben Moderatorinnen/Moderatoren ihre Moderationstexte selbst. Das ist der aufwendigste Part bei der Vorbereitung einer Moderation. Der Vorteil dabei ist, dass du dir dann auch die Inhalte besser merken kannst. Denn du hast den Text geschrieben, verändert, gekürzt und auf deinen Karten markiert. So ist er dir schnell im Gedächtnis.

Hier mal ein Beispiel für einen selbst geschriebenen Text für die Eröffnung der Bühnenshow auf einer „Baby und Kind Messe“. Ich hatte im Vorhinein viele Informationen vom Veranstalter erhalten und daraus meine eigene Moderation geschrieben. Der Text begann mit einem Zitat:

„An seinen Vorfahren kann man nichts ändern, aber man kann mitbestimmen, was aus den Nachkommen wird.“ (François de La Rochefoucauld)

„Mit diesem Spruch von François de La Rochefoucauld begrüße ich Sie ganz herzlich zu unserem Bühnenprogramm auf der diesjährigen Messe Baby und Kind, die im Rahmen der cft – Freizeitmessen bereits zum 6. Mal stattfindet!

Los geht's hier gleich auf der Bühne mit unserer großen Modenschau! Außerdem erfahren Sie hier auf der Bühne, wie Sie trotz Zeitnot und ohne große Kochkenntnisse leckere Gerichte für Ihre Kleinsten zaubern. Oder wie Sie dank Babyzeichensprache perfekt mit Ihren Babys kommunizieren können!

Parallel zum Bühnenprogramm finden spannende Fachvorträge im Vortragssaal statt. Beispielsweise zum Thema sanfte Geburt, Erziehung auf die kesse Tour, sicher durch die Schwangerschaft und vieles mehr! ...“

Manchmal bekommen wir auch fertige Texte. Ich habe auf einem Unternehmertag die Referenten anmoderiert und dabei den Text für die Anmoderation von Oliver Geisselhart vorbereitet bekommen. Also habe ich ihn auf meine Moderationskarten übernommen und dann auswendig gelernt. Es war eine meiner ersten großen Moderationen und da hat mir damals mein Schauspiel-Hintergrund sehr geholfen.

„Wer von uns hätte nicht auch gerne ein besseres Gedächtnis? Wer würde sich nicht auch gerne merken können, was er will?

Wie das funktioniert, erklärt uns unser nächster Gast.

Laut ZDF ist er Deutschlands Gedächtnistrainer Nr. 1. Er ist Universitäts-Lehrbeauftragter und Bestseller-Autor. Bereits 1983 war er, mit nur 16 Jahren, Europas jüngster Gedächtnistrainer. Über Bücher, Presse, Funk und Fernsehen machte er bereits Millionen Menschen zu „Gedächtnisbenutzern". Live verhilft er jedes Jahr sehr unterhaltsam weltweit auf Mitarbeiter- und Kundenveranstaltungen Zigtausenden von Teilnehmern zu unglaublichen Merkleistungen.

Lassen auch Sie sich nun von Ihrem eigenen Gedächtnis verblüffen und freuen Sie sich mit mir auf: Oliver Geisselhart!"

Am liebsten schreibe ich meine Texte selbst. Dennoch kann es immer wieder vorkommen, dass Kunden, Referenten oder Künstler Texte abgeben und diese dann auch genauso hören wollen. Ich erinnere mich noch an eine Gala-Moderation in München im Rahmen einer Messe. Am Abend des ersten Messetages waren alle

Kunden und Partner meines Kunden zu einer festlichen Gala mit Menü, Musik und Showprogramm geladen. Diese Veranstaltung findet alle zwei Jahre statt und ist daher besonders wichtig für meinen Kunden. Die Moderation sollte in gleichen Teilen auf Deutsch und Englisch stattfinden. Und weil sie früher schlechte Erfahrungen mit einem Moderator gemacht hatten, der mehr Deutsch als Englisch sprach, hat die Marketing-Abteilung der Firma alle Texte in beiden Sprachen selbst geschrieben. Der Kunde hatte mir dennoch die Wahl gelassen, ob ich es nach seiner Vorlage frei moderiere oder lieber auswendig spreche. Ich habe mich dann für Letzteres entschieden. Zum einem um sicherzugehen, dass ich wirklich beide Sprachen gleichwertig spreche, zum anderen, um auch die Arbeit des Kunden wertzuschätzen.

Tipps für eine gelungene Abmoderation

Idealerweise beendest du die Moderation, wie du sie begonnen hast. Das bedeutet, du nimmst deine Begrüßung noch mal auf, zum Beispiel:

- das Erlebnis auf dem Weg zur Veranstaltung
- die Begebenheit, die mit der Veranstaltung zu tun hat
- die Frage an das Publikum
- die Statistik zum Thema
- die Anekdote
- das Zitat
- das Bild/Foto
- den Trailer

Und jetzt schlägst du eine Brücke zwischen Anfang und Ende.

Wie machst du das?

Du fasst noch mal die Ergebnisse des Tages zusammen und gibst Ausblick auf die Zukunft.

Außerdem sind am Ende einer Veranstaltung gute Wünsche immer sehr willkommen:

Ich wünsche Ihnen/Euch ...

- (hier kann der Einstieg noch mal aufgenommen werden)
- Kommen Sie heil nach Hause und kommen Sie vor allen Dingen nächstes Jahr wieder!
- Gehen Sie raus in die Welt und tun Sie Gutes!

Probiere verschiedene Variationen aus und überlege dir, mit welchem Abschluss und welchem guten Gefühl du deine Zuhörer am liebsten nach Hause schicken willst.

Lebe deinen Traum(beruf)

Glaubst du an Wunder? Wenn ja, dann hast du Glück, denn die meisten Menschen haben diesen Glauben schon früh in ihrem Leben wieder verloren. Als Kind hatten wir viele Träume und glaubten daran, dass diese wahr werden. Schließlich ist doch alles möglich. Den meisten von uns wurde dies aber von den Erwachsenen wieder abtrainiert, die wiederum auch von Erwachsenen gelernt hatten, dass es keine Wunder gibt. In einem meiner Seminare für die Joblinge gAG Offenbach habe ich unmittelbar erlebt, wie ein Wunschtraum Wirklichkeit wurde, einfach weil der Wünschende das Träumen zugelassen hat. Und das kam so:

Eine meiner Lieblings-Übungen ist die Übung „Definition Traumberuf". Hier ist es die Aufgabe jedes Teilnehmers, sich zu überlegen, was der wirklich ehrliche Traumberuf ist, wie genau der Beruf aussieht, wie es sich anfühlt, wenn dieser Beruf ausgeübt würde, was er oder sie dafür tun kann, damit der Traum wahr wird, ob sie oder er es schafft, und wenn ja, warum. Oder auch, warum es unmöglich zu sein scheint.

Hier die Fragen an dich. Wenn du magst, dann beantworte sie gleich hier an dieser Stelle:

Definition Traumberuf

1. Was ist dein Traumberuf (Bezeichnung oder Beschreibung)?
2. Lebst du ihn schon?

Wenn **JA**:

Wie fühlt es sich für dich an, diesen Traum zu leben?
Was bedeutet dir dieser Traumberuf?
Was kannst du dafür tun, darin noch besser zu werden?

Wenn **NEIN**:

Wie meinst du, würde es sich anfühlen, ihn auszuleben?
Glaubst du daran, diesen Traum leben zu können? Und warum?
Was kannst du dafür tun, diesen Traum zu erreichen?

Der Teilnehmer, den ich in Offenbach kennenlernen durfte, stellte sich vor die Kamera und sagte: „Mein Traumberuf ist

Songwriter! Warum? Weil ich schon mit acht Jahren angefangen habe, Gedichte und Songs zu schreiben. Ich hole mir meine Inspiration aus jeder Musikrichtung, deswegen fällt es mir auch einfach, etwas zu schreiben, weil ich nicht auf ein Genre fixiert bin. Ich habe schon mit einigen Künstlern gearbeitet, ich mag es gerne, im Studio zu sein, und habe ein sehr gutes Verständnis für Akustik und Klang. Ich denke, dass das meine Stärke ist, Lieder zu komponieren, weil ich es schon oft gemacht habe. Aber ich habe nie wirklich daran gedacht, es beruflich zu machen, es war immer nur eine Sache für mich. Auch wenn ich oft Lob bekommen habe, ist es immer noch etwas, das ich für mich mache. Es ist auf jeden Fall mein Traumberuf. Nachteil ist kein festes Einkommen, ich wollte immer was Festes haben, aber mein Traumberuf bleibt der Songwriter."

Ich hatte Gänsehaut, wie er es vortrug, weil ich gespürt habe, dass es seine Berufung ist. Es passte so vollkommen! Ich habe ihm gesagt, er solle da unbedingt dranbleiben, er könne ja nebenher weiter Musik machen und schauen, wie es sich entwickelt. Außerdem kenne ich ein paar Musikproduzenten und wenn er möchte, könnte ich einen Kontakt herstellen.

Er dankte mir für meinen Zuspruch, war aber irgendwie immer noch leicht skeptisch. Wir machten weiter mit dem Kurs und ich habe mich den anderen Teilnehmerinnen und Teilnehmern gewidmet. Und dann geschah das Wunder. Ich bekomme immer noch Gänsehaut, wenn ich daran denke!

Kurz vor der Mittagspause klingelte das Handy des jungen

Mannes. Es war ein Musikproduzent, der für eine Sängerin fünf neue Songs brauchte. Er fragte den Teilnehmer, ob er direkt heute Nachmittag ins Tonstudio kommen könne.

So schnell können Träume wahr werden, wenn du sie von Herzen träumst! Bemerkenswert fand ich auch, dass er nie gesagt hat, dass er es macht, um damit reich und berühmt zu werden (es gibt ja durchaus sehr berühmte und sehr reiche Songwriter), sondern dass er es machen möchte, weil er es gut kann und weil er es für sich macht. Und weil diese Liebe zu diesem Beruf so aus dem Herzen kam, konnte das Universum diesen Wunsch direkt erfüllen!

Was sind deine Herzenswünsche? Und warum? Wie fühlt es sich an, diesen Traum zu leben? Und was kannst du dafür tun, dass der Traum wahr wird?

Schreibe es auf und hab deinen Wunsch im Herzen. Und rede auch darüber! Jeder von uns hat im Laufe seines Lebens ein Netzwerk von unterschiedlichen Menschen aufgebaut. Wenn du über deine Wünsche sprichst, dann kann es gut sein, dass jemand jemanden kennt, der ziemlich schnell helfen kann und sich darüber freut, helfen zu dürfen. Also geh es an! Sei mutig und stark und voller Vorfreude. Dann werden sich deine Träume erfüllen!

Liebe dich selbst und hör auf, dich zu bestrafen

Kennst du die Geschichte vom pawlowschen Hund?

Ich habe diese Geschichte in meiner Schulzeit im Biologie-Unterricht gehört. Es geht um das erste empirische Experiment des russischen Forschers Iwan Petrowitsch Pawlow zum Nachweis der klassischen Konditionierung. In seinem Experiment hat er vor der Fütterung von Hunden immer eine Glocke klingen lassen und dann den Hunden Futter gegeben. So gewöhnten sich die Hunde daran, dass es immer Futter gab, nachdem die Glocke geklingelt hatte. Das hatte zur Folge, dass den Hunden beim Klingeln der Glocke immer schon der Speichel im Maul zusammenlief, auch wenn es kein Futter gab. Dieses Phänomen bezeichnete Pawlow als Konditionierung.

Was hat das mit unserer Selbstliebe zu tun? Wir werden im Laufe unserer Kindheit vor allem von den Eltern konditioniert. Wurden wir früher beispielsweise viel getadelt, beschimpft und sogar bestraft, wenn wir Dinge falsch machten, uns beim Essen bekleckerten, Dinge kaputt machten oder manchmal auch einfach nur „dumme“ Fragen stellten, so gewöhnten wir uns irgendwann daran und erwarteten schließlich solche Reaktionen.

Worauf möchte ich hinaus?

Wenn wir erkennen, dass die Bestrafung nicht aus uns kommt, sondern eine angelernte Gewohnheit ist, können wir lernen, sie zu durchbrechen. Wir können lernen, uns neu zu konditionieren. Wir können lernen, dass wir trotz unserer Fehler und Makel liebenswert sind – oder gerade deswegen. Kein Mensch ist perfekt. Denn Perfektion ist eine Illusion – sie existiert nicht! Wir lernen aus unseren Fehlern und können es dann beim nächsten Mal besser machen.

Frage dich in Situationen, in denen du mit dir selbst oder deiner Leistung nicht zufrieden bist und in denen du dich früher getadelt oder kritisiert hättest:

Was möchte ich jetzt tun? Was brauche ich, damit es mir jetzt gut geht? Was hilft mir jetzt? Was wünsche ich mir?

Genauso, wie wir negativ konditioniert wurden, können wir lernen, uns positiv zu konditionieren. Das beginnt beispielsweise morgens mit einem liebevollen Blick in den Spiegel: „Guten Morgen, schön dass du da bist! Ich sehe, du brauchst jetzt erst mal einen leckeren Tee/Kaffee/Saft (was auch immer dir jetzt gut tut)." Sprich mit dir immer liebevoll und voller Verständnis, auch wenn du vielleicht morgens die Kaffeetasse fallen lässt. Dann hebe die Scherben vorsichtig auf (Scherben bringen übrigens Glück) und sei geduldig mit dir.

Dies kann auch ein Zeichen dafür sein, dass du nicht achtsam genug bist. Also atme tief durch, nimm dir Zeit für dich und nimm einfach eine neue Tasse aus dem Schrank.

Oder vielleicht kaufst du dir eine neue schöne Tasse oder bestellst dir eine selbst gestaltete mit einem schönen Foto von dir drauf! Wann immer du kannst, tue dir etwas Gutes.

Perfektion, die so viele Menschen anstreben, ist in Wahrheit eine Illusion. Es gibt sie nicht. Ich erkläre das immer gerne am Beispiel eines Smartphones. Das aktuelle Modell, das auf dem Markt ist, ist vollkommen, weil es alles hat, was es haben soll: bessere Auflösung für Fotos, noch schnellere Datenverbindung, größeres Speichervolumen, größeres Display etc. Aber es ist nicht perfekt. Denn während das aktuelle Modell auf den Markt kommt, sind die Entwickler schon mittendrin in der Konzeption der nächsten Version. Wäre es perfekt, würde es keine neuen Modelle geben, denn dann hätte es alles, was es braucht und was es kann.

So ist das auch mit unserem Leben. Wie viele Menschen streben nach Perfektion, weil uns vorgemacht wird, dass es wichtig ist, perfekt zu sein. In der Schule gute Noten. Der Körper perfekt trainiert, die perfekte Ernährung, der perfekte Partner, der perfekte Auftritt im Verkaufsgespräch, der perfekte Vortrag auf der Bühne und, und, und. Aber wir sind nicht perfekt und werden es nie sein!

Und darum geht es auch nicht im Leben. Denn es gibt immer noch etwas, das wir verändern oder verbessern möchten. Und wenn wir lernen, dass es Perfektion nicht gibt, können wir viel entspannter sein, denn dann rennen wir nicht einer Illusion hinterher, sondern freuen uns über unsere Vollkommenheit und die Möglichkeit, immer weiter an uns zu arbeiten und uns zu entwickeln.

Strebe daher nicht nach Perfektion, sondern nach *Vollkommenheit*. Automatisch nimmt dir dieser Gedanke den selbst auferlegten Druck und schenkt dir Freude und Dankbarkeit. Und so ist es gedacht! ;-)

Nachwort

Ich wünsche dir, dass alle die Impulse, die du in diesem Buch bekommen hast, dir weiterhelfen. Dass du nun mutig und motiviert deine Vorträge, Reden, Präsentationen oder Moderationen vorbereitest. Fang einfach an und leg los! Denn es heißt ja auch: „Die erfolgreichsten Menschen haben nicht so lange gewartet, bis sie dachten, sie wären so weit. Sie haben einfach angefangen und wurden so mit der Zeit immer besser und besser."

Es ist ähnlich wie mit dem Führerschein: Nach der Prüfung bekommst du die Fahrerlaubnis, doch erst danach fängst du wirklich an zu üben und zu lernen ... Und so ist es auch mit dem Reden. Jede Gelegenheit übt. Am besten noch, wenn du dich filmen lässt und später schauen kannst, wie du nach außen gewirkt hast. Was sichtbar und hörbar war. Für den nächsten Auftritt kannst du dann wieder Dinge verändern.

Übung macht den Meister!

Wenn wir üben, fühlen wir uns wohler, werden besser und besser und können dann auch schon auf einen Schatz von positiven

Erfahrungen zurückgreifen. Wenn wir nicht üben, dann kann es uns gehen wie einem Teilnehmer aus meinem Tagesseminar: Er kam ein Jahr später wieder zu mir, um sich mit meiner Unterstützung auf eine Rede vorzubereiten, die ihm wichtig war. Ich hatte ihm das gesamte Skript aus dem Seminar noch einmal gesendet und dennoch hatte er fast alles vergessen, was wir im Seminar besprochen hatten. Bleib dran. Suche dir Rede-Anlässe, nimmt sie wahr und probier dich aus. Übe, übe, übe. Rom wurde auch nicht an einem Tag erbaut. ;-) Du wirst im Laufe der Jahre immer besser, lockerer, souveräner, entspannter, humorvoller und was auch immer du sein möchtest. Du bist auf deinem Weg. Und das ist gut so.

Ich wünsche dir von Herzen viel Erfolg für deine zukünftigen Auftritte und vor allem viel Freude dabei. Geh raus und rock die Bühne! Du hast alles in dir, wodurch du wirken kannst.

Und wenn du zufrieden mit diesem Buch bist, dann gib es gerne weiter! Wenn du magst, schreib mir auch gerne ein paar Zeilen, wie es dir gefallen und was dir besonders geholfen hat. Ich freue mich drauf!

Alles Liebe und Gute wünsche ich dir von Herzen.

Margit

Dank

Ich bin so glücklich und dankbar, dass dieses Buch endlich das Licht der Welt erblickt! Und es wäre natürlich ohne die vielen lieben Menschen, die mich unterstützt haben, nicht möglich gewesen. Allen voran danke ich meiner lieben Mama Astrid Frey, ohne die ich erstens nicht auf dieser Erde wäre und ohne die auch mein Weg nicht dieser geworden wäre. Danke, Mama, dass du mich auf diesen Weg geleitet hast, den ich heute gehe. Und hättest du nicht dein Veto eingelegt, als ich gesagt habe, ich möchte Schauspielerin werden, dann wäre ich heute nicht da, wo ich bin.

Danke auch an meine liebste Schwester Birte, die für mich Korrektur gelesen und als promovierte Literaturwissenschaftlerin mit einigem Feinschliff an den Formulierungen sehr unterstützt hat!

Dann danke ich Sascha, der mich nun schon fast mein halbes Leben lang begleitet und mich immer in allem unterstützt hat. So auch mit diesem Buch. Danke auch dir, lieber Sascha, fürs Korrekturlesen, für die Fotos zum Thema Daumensprechen und dass du mich während der finalen Schreibphase auch mit allem versorgt hast, was mich gestärkt hat!

Danke auch an meine Zaubertochter, die während meiner Korrekturen in den Osterferien neben mir saß (natürlich ein Buch gelesen hat) und immer wieder sagte, wie fleißig ich doch sei und wie toll. Du bist so zauberhaft, meine Liebe! Danke von Herzen für deine Geduld!

Dann danke ich der wunderbaren Karen Christine Angermayer für die tollen Impulse schon im Vorfeld – die Vorträge, Bücher, Newsletter und auch tollen Chats auf facebook und unsere Gespräche. Auch für die Unterstützung bei der Neuauflage! Du bist eine grandiose und großartige Frau und eine wahrhafte Inspiration! Danke auch für dein geduldiges Lektorat und dein wunderbares Gespür für den finalen Feinschliff!

Ein lieber Dank geht auch an die großartige Grafikerin Susanne Büttner, die für mich auch bei dieser Neuauflage aus den Fotos meiner lieben Fotografin Sarah Kastner das Cover gezaubert hat. Danke auch an Bastian Hughes für das Bild im Kapitel „Technikfragen", das mich im Profil zeigt. Vielen Dank auch an die liebe Assia Helmich, die das Foto auf der Buch-Rückseite gemacht hat.

Ich danke meinen Teilnehmern der Seminare und Klienten in den Coachings für das Vertrauen und das wertvolle Feedback, welche Tipps und Anregungen ihnen wirklich geholfen haben. Danke, dass ich auch durch euch immer wieder lerne und meine Trainings und Coachings so immer weiterentwickeln kann. Und natürlich gilt mein großer Dank auch meinen Kunden, die mir als Moderatorin, Speakerin und Trainerin ihr Vertrauen schenken und durch die ich immer wieder wundervolle neue Erfahrungen sammeln kann.

Allen Menschen danke ich von Herzen, die mich auf dem Weg zu mir selbst unterstützt haben, denn ohne die vielen liebevollen Begleiter wäre ich nicht da, wo ich heute bin.

Ein Geschenk für dich

Nun habe ich für dich ein Geschenk! Und ich freue mich sehr, wenn es dir gefällt. Ich schenke dir **jeweils 15 % Rabatt** auf meine beiden Seminare:

- „Der Freisprecher-Kurs: Präsenz- und Präsentations-Training“
- „Der Freisprecher-Intensiv-Kurs: Erfolgreich durch souveränes Auftreten, seien Sie präsent und überzeugen Sie!“

Worum geht es in den Seminaren?

„Freisprecher-Kurs: Präsenz- und Präsentationstraining“:

Dein **Einstieg ins freie Reden.** Der Workshop basiert auf einer fundierten Videoanalyse. Denn hier ist der ganze Mensch in Aktion wichtig. Nur wer sich selbst reden hört und agieren sieht, kann sich ein gutes Bild von sich machen. Du lernst Unterschiede zwischen Selbstbild (wie will ich wirken) und Fremdbild (wie wirke ich) zu analysieren und deinen authentischen Stil zu finden. Der Kurs ist auf maximal 8 Teilnehmer begrenzt.

Inhalte aus dem Kurs:

- Die Wirkung unserer Kommunikation
- (Verkaufs-)Gespräche souverän führen
- Mimik und Gestik gezielt einsetzen

- Tipps für einen gelungenen Vortragseinstieg
- Die Reden-Checkliste für Rednerinnen und Redner
- Grundlagen der Atem-und Sprechtechnik
- Tipps und Übungen gegen Lampenfieber
- Umgang mit kritischen Fragen

Diesen Rabatt-Code kannst du bei deiner Buchung des Seminars bei XING einlösen: **FSKXAV09**

„Freisprecher Intensiv-Kurs"
Erfolgreich durch das richtige Auftreten – seien Sie ***präsent*** und überzeugen Sie!

Du lernst, welche Wirkung du mit authentischer Körperhaltung, Mimik und Gestik erzielen kannst. Sicherheit zu gewinnen und selbstbewusst aufzutreten sind die Ziele. Hierbei geht es darum herauszufinden, womit du dich persönlich wohlfühlst, denn eine einstudierte „Rolle" wird von deinem Gesprächspartner schnell durchschaut.

Inhalte aus dem Kurs:

- Statusermittlung: Wie will ich wirken (Selbstbild) und wie wirke ich (Fremdbild)?
- Tipps für einen gelungenen Vortrags- bzw. Gesprächseinstieg
- Korrespondierende Mimik und Gestik effektiv einsetzen
- Wie gehe ich mit Nervosität bzw. Unsicherheit um?
- Mit rhetorischen Mitteln überzeugen

- Effektive Nutzung der Veranstaltungstechnik
- Lampenfieber positiv nutzen
- Effektives Vorbereiten und Arbeiten mit dem Diktiergerät
- u. v. m.

Diesen Rabatt-Code kannst du bei deiner Buchung des Seminars bei XING einlösen: **FSKXAV09**

Die Autorin

Mein Leben hat mich im Laufe der vergangenen Jahre auf die verschiedensten Bühnen geführt und hier, am Ende des Buches angekommen, möchte ich dir ein paar Ausschnitte aus meinem Weg erzählen, um dir selbst für deinen Weg Mut zu machen.

Von Kindesbeinen an stand ich auf der Bühne: als Ballettschülerin, als Sängerin im Schulchor sowie im Esslinger Kammerchor und als Schauspielerin in der English Drama Group meines Gymnasiums. Bereits im Alter von fünf Jahren erhielt ich ersten Gesangs-Unterricht, mit sieben Jahren lernte ich Blockflöte, dann Alt-Flöte und später Geige, mit der ich dann auch bis zum Abitur im Schulorchester spielte.

So war es dann auch mein Wunsch, nach dem Abitur Schauspielerin oder Musical-Darstellerin zu werden. Glücklicherweise wurde dieser Wunsch von meinem Elternhaus nicht unterstützt. Warum glücklicherweise? Weil ich dadurch eine Reihe von vermeintlichen Umwegen gehen konnte, die mich alle sehr geprägt und bis heute geformt haben. Und weil sich inzwischen alles wie bei einem Puzzle absolut stimmig zusammenfügt. Wirklich magisch.

So konnte ich all diese Wege gehen, um jetzt da zu sein, wo ich sehr gerne bin – mitten in meinem Leben. Ich stehe als Moderatorin auf tollen Bühnen, führe durch spannende Events, moderiere TV-Sendungen oder Werbeclips, unterstütze als Trainerin und Coach Menschen in ihrer Präsenz und ihrem Auftreten, bereite sie auf

Vorträge und Präsentationen vor und gebe als Vortragsrednerin wichtige Impulse. Als Schauspielerin habe ich das Glück und die Freude, in spannenden Filmprojekten mitzuwirken und als Sängerin mit meiner eigenen Band schöne und berührende Konzerte geben zu können.

Aber das wusste ich damals alles noch nicht. Mein einziger Wunsch war es, meinen Traum zu leben und Schauspielerin zu werden. Aber um „brotlose Kunst“ zu lernen (wie es meine Mutter nannte), brauchte ich im wahrsten Sinne des Wortes erst einmal einen „Brotberuf“. Und so lernte ich den Beruf der Köchin. Das haben viele damals nicht verstanden. Für meine Mutter war es auch nicht der Beruf, den sie sich für mich vorgestellt hatte.

Warum also Köchin? Zum einen, weil wir viel und gut essen gegangen sind. Vor allem in Sterne- und Gourmet-Restaurants in Deutschland und Frankreich. Meine Mutter hat zahlreiche Kochkurse belegt, unter anderem bei Vincent Klink im Restaurant „Wielandshöhe“ (Stuttgart) und bei Jörg Müller auf Sylt. Jedes Mal kam sie begeistert nach Hause und hat vieles von dem, was sie gelernt hatte, nachgekocht. Das war so köstlich wie spannend! Auch habe ich es geliebt, wenn wir zu Hause Gäste hatten und meine Mutter uns alle mit ihren Kochkünsten verwöhnt hat. Von all ihren Kochlehrern hat mich besonders Vincent Klink fasziniert. Bei ihm habe ich mein erstes Küchenpraktikum absolviert. Neben seiner Tätigkeit als Küchenchef und Restaurant-Besitzer war er Mitherausgeber des jährlich erscheinenden kulinarischen Almanachs bei Klett Cotta, hat Querflöte gespielt und seine eigenen Salatsorten gezüchtet. Das fand ich außerordentlich kreativ. Er hat alles miteinander verbunden, was er selbst am liebsten mochte. So wurde er zu meinem Vorbild.

Ich dachte mir, wenn er es schafft, seine Berufung Kochen mit Musik und Literatur zu vereinen, dann ist es machbar. Dann kann ich es auch schaffen. Natürlich kam es bei mir anders. Genau zu beschreiben, wie ich diesen Weg gegangen bin, würde ein ganzes Buch füllen. Ich kürze hier ab und sage nur: Ich habe die Kochlehre nach einem Lehrstellenwechsel nach insgesamt drei Jahren und mit Zusatz-Qualifikation „Küchen- und Servicemanagement" erfolgreich abgeschlossen.

Rückblickend betrachtet war es eine sehr harte Zeit, denn in der Gastronomie, vor allem in der Küche, herrscht teilweise ein sehr rauer Ton. Viel Zeit für wertschätzende Kommunikation gibt es dort nicht und meistens folgt man (vor allem als Lehrling) eher militärisch anmutenden Anweisungen – kurz, knapp und zackig. Außerdem sind die Arbeitszeiten extrem fordernd. Viel Freizeit bleibt nicht, zumal in der Küche oft der sogenannte Teildienst gilt, sodass wir in der Regel gegen 9 Uhr begonnen und bis 14 oder 15 Uhr (je nach Posten) durchgearbeitet haben. Dann gab es zwei bis drei Stunden „Zimmerstunde", in der man wirklich meistens auf sein Zimmer ging und etwas ausruhte (oder Kochjacken gebügelt hat). Danach ging es erneut von 17 bis 23 oder 24 Uhr weiter – manchmal auch länger. Oft auch zehn Tage am Stück und dann war man erst mal vollkommen erschöpft ... Dennoch war es eine wichtige Zeit, in der es auch viele schöne Momente gab. Beispielsweise wenn die Gäste zufrieden waren und einfach alles gut lief. Zwischen dem ersten und zweiten Lehrjahr hätte ich meine Lehre fast an den Nagel gehängt, weil es viele Dinge gab, die nicht für mich stimmten und sehr schwer für mich waren. Außerdem wurde in meinem ersten Lehrbetrieb auf Zwei-Sterne-Niveau gekocht, was für mich ohne vorherige Kenntnisse sehr herausfordernd war. Ich wollte lieber alles von der Pike auf lernen. Das konnte ich in meinem zweiten Lehrbetrieb, dem Romantik Hotel Spielweg im Münstertal. Vom Ansetzen von Suppen und Soßen, Brühen und Fonds über das Schlachten von Forellen und dem Zerlegen von Wild bis hin zur Arbeit in der hauseigenen Käserei, die der Junior-Chef damals aufgebaut hat, war alles mit dabei! Mein Lieblingsposten war immer die Patisserie. (Desserts, Teegebäck, Pralinen, Torten und Kuchen.) Noch heute fahren wir mindestens einmal im Jahr zum Besuch ins Münstertal - es ist jedes Mal ein freudiges Wiedersehen. Übrigens moderiere ich inzwischen begeistert auch kulinarische Events. Und so schließt sich wieder der Kreis.

Im Anschluss an meine Kochlehre war ich zwei Jahre an der Berufsakademie in Ravensburg und habe dort Tourismusbetriebswirtschaft mit Fachrichtung Hotelmanagement studiert. In den Praxis-Semestern war ich allerdings wieder in der Küche. Da habe ich gemerkt, dass es an der Zeit war, wieder meinem Herzen zu folgen. Also habe ich mit dem anerkannten Abschluss „Wirtschaftsassistentin (BA)" die Berufsakademie verlassen und mir einen Job gesucht, der geregeltere Arbeitszeiten hat, damit ich wieder meinem Wunsch nachgehen konnte, Schauspielerin zu werden. Ich fing als Eventmanagerin in der Veranstaltungs- und Seminarbranche an. Dort war ich einige Jahre tätig. Parallel dazu besuchte ich in meiner Freizeit, an Wochenenden und in meinem Urlaub Theater- und Musical-Kurse, nahm an Camera-Acting-Workshops teil und absolvierte schließlich während meiner Elternzeit meine Schauspiel-Ausbildung an der „Academy of Stage Arts“ in Oberursel im Taunus. Im Juli 2009 habe ich meine Ausbildung nach erfolgreich absolvierter Prüfung mit Zertifikat abschließen können. (Nach der Zeugnisübergabe war ich so aufgeregt darüber, dass ich meinen Traum wirklich wahr gemacht hatte, dass ich beim Ausparken erst mal rückwärts gegen eine Schranke gefahren bin ...)

Jedenfalls war ich mir sicher, dass ich jetzt sofort viele Aufträge und Engagements als Schauspielerin bekäme und mir die Welt zu Füßen läge. Aber ganz so war dem nicht. Ich hatte zwar im Januar 2009 ein Schauspiel-Demovideo mit einem Kameramann und Cutter aufgenommen, aber sonst noch kein weiteres Material. Und ohne starkes Demovideo keine Jobs, ohne Jobs kein starkes Demovideo ... Im Juli 2009 (kurz nach meiner bestandenen Prüfung) rief mich eben dieser Kameramann an und fragte, ob ich für TV Wiesbaden als Moderatorin ein Event begleiten könnte – die eigentlich eingeplante Moderatorin war kurzfristig ausgefallen. Dazu hatte ich Lust, denn der Bereich hatte mich schon immer interessiert.

Meine erste richtige Erfahrung mit Moderation hatte ich im Spätsommer 2003, als ich das Hochzeitsvideo für meine Schwester am Gardasee moderierte. Sie hatte ein professionelles Kamera-Team engagiert. Mich bat sie dann, die Interviews mit den Gästen zu führen und einfach eine Moderation daraus zu machen. Ich war sehr aufgeregt. Fast dachte ich schon, das Team hätte mich vergessen, denn erst nach der Trauung kam der Kameramann auf mich zu und fragte, ob ich die Schwester der Braut sei und ob ich denn nun die Interviews führen wolle. Bis dahin hatte ich, glaube ich, schon drei Gläser Champagner getrunken und fühlte mich dann doch mutig genug. (Aber bitte mach das nicht nach! Vor einem wichtigen Auftritt Alkohol zu trinken bedeutet, dass du die Kontrolle über deinen Auftritt abgibst. Du bist nicht mehr ganz Herr deiner Sinne und genau die brauchst du, wenn du souverän sein möchtest!) Aus dem Material, das das Kamera-Team aufgenommen hatte, wurde ein 20-minütiger Film geschnitten und alle haben meine Moderation gelobt. Ich war sehr positiv überrascht und auch stolz darauf.

Damals dachte ich auch schon daran, möglicherweise einen Beruf daraus zu machen, aber ich war ja noch in meinem Event-Management-Job. Doch nun war es offensichtlich so weit: TV Wiesbaden fragte mich an und ich sagte begeistert zu! Drei Tage später stand ich mit einem roten Mikrofon in der Hand auf einem Charitiy-Open-Air-Konzert in Groß-Gerau. Dort habe ich viele Musikerinnen und Musiker interviewt wie Selma Adzem oder Queensberry und Monrose (aus der Casting-Show Popstars), außerdem auch Daniel Küblböck und viele mehr.

Da außer uns nur noch ein weiterer Sender mit Kamerateam vor Ort war, hatten die meisten Lust auf Interviews. Kurzum: Es war der Beginn einer neuen Leidenschaft: Moderation!

Fast zwei Jahre lang habe ich dann als Moderatorin, Reporterin und Redakteurin für TV Wiesbaden gearbeitet und unter anderem von großen Events wie dem Hessischen Film- und Kinopreis, dem Opernball in Frankfurt oder dem Ball des Sports in Wiesbaden berichtet, exklusive Interviews geführt mit Rea Garvey, der Band Kensington Road und vielen mehr. Ich war in meinem Element! Und besonders das Berichten über Konzerte und das Interviewen von Künstlern hatte es mir angetan. Auch in dem musikalischen Umfeld habe ich mich sehr wohl gefühlt.

Durch meine Tätigkeit für TV Wiesbaden habe ich rasch auch Moderations-Aufträge für Veranstaltungen, Messen und Videos bekommen. So hat sich alles weiterentwickelt und ist gewachsen. Durch meine Moderationen kamen dann die ersten Kunden auf mich zu, die selbst Unterstützung für ihre eigenen Auftritte, Vorträge und Präsentationen suchten und mich fragten, ob ich dabei helfen könne. Also habe ich erste Coachings gegeben. Von Anfang an mit Video-Analyse und mit Gänsehautmomenten. Denn mir persönlich hat die Analyse meiner eigenen Videos bei TV Wiesbaden sehr geholfen, mich weiterzuentwickeln. So konnte ich dann auch wirklich anderen helfen, das war ein magisches Gefühl: Zu sehen, wie jemand nach zwei Stunden Coaching sein Thema präsentiert, als hätte er noch nie etwas anderes gemacht oder als hätte er bereits jahrelange Erfahrung – das war für mich sehr inspirierend!

Also arbeitete ich mich weiter in das Thema ein, las Bücher, schaute Videos und besuchte Veranstaltungen, um zu lernen, wie ich mit meinem Wissen und meinen Erfahrungen als Moderatorin den Menschen helfen könne.

Außerdem habe ich durch meine Moderationen von Veranstaltungen wie Unternehmertage, „Die Trainer der neuen Generation", Feminess Kongress und dem Brian-Tracy-Seminar selbst sehr viele Impulse und Anregungen bekommen. Vieles davon habe ich in meine eigenen Trainings und Coachings übernommen.

Auch als Schauspielerin und Sängerin bin ich gebucht und viel unterwegs – aber das wird dann mal ein anderes Buch füllen.

Ich hoffe, ich konnte dir mit meinem Beispiel zeigen, wie uns das Leben manchmal auf Umwegen zu dem führt, was wir lieben und wer wir wirklich sind.

Wenn du Fragen hast, mir Feedback zum Buch geben oder weiter mit mir arbeiten möchtest, erreichst du mich unter folgenden Kontaktdaten:

Die Freisprecherin
Margit Lieverz

Telefon: 06174-257 650
Mail: kontakt@margitlieverz.de
Web: www.margitlieverz.de

Ich freue mich auf dich!

Büchertipps

Im Folgenden findest du eine Liste von Büchern, die mich im Laufe der letzten Jahre begleitet und inspiriert haben. Alles begann für mich im Jahr 2008, denn da sah ich bei meiner Schwiegermutter das Buch „The Secret“. Ich war neugierig, denn das Cover sah interessant aus und der Text im Einband hat mich auch angesprochen. Also habe ich mir das Buch ausgeliehen und war fasziniert. Ich habe es in einem Rutsch gelesen und war neugierig, es auszuprobieren, wie das funktioniert mit dem Gesetz der Anziehung. Also las ich auch noch „The Power“ und „The Magic“ der gleichen Autorin, wobei das eine eher eine Anleitung ist und das andere eher von Herzen kommt.

The Secret - Das Geheimnis - von Rhonda Byrne (Autor), Karl Friedrich Hörner (Übersetzer)
Gebundene Ausgabe: 240 Seiten
Verlag: Arkana; Auflage: 23 (27. September 2007)
ISBN-13: 978-3442337903

The Secret - the Power - von Rhonda Byrne (Autor), Olivia Baerend (Übersetzer), Katrin Ingrisch (Übersetzer)
Gebundene Ausgabe: 304 Seiten
Verlag: Knaur MensSana HC (7. Oktober 2010)
ISBN-13: 978-3426656877

The Magic – Broschiert
von Rhonda Byrne (Autor), Dr. Henning Thies (Übersetzer)
Broschiert: 320 Seiten
Verlag: Knaur MensSana HC (2. Juli 2012)
ISBN-13: 978-3426657188

Ralf Bihlmaier: Schritt für Schritt in ein neues Leben
http://www.bihlmaier-mentaltraining.de/30tageprogramm.php
Das DVD-Paket als 30-Tage-Trainingsprogramm für zu Hause
Das Trainingsset besteht aus einem Arbeitshandbuch, der Schulungs-DVD und zwei Meditations-CDs mit insgesamt vier Meditationen.

Gespräche mit Gott Band 1 – Taschenbuch
von Neale Donald Walsch (Autor), Susanne Kahn-Ackermann (Übersetzer)
Taschenbuch: 320 Seiten
Verlag: Arkana TB (9. Oktober 2006)
ISBN-13: 978-3442217861

Erschaffe dich neu Taschenbuch
von Neale Donald Walsch (Autor), Susanne Kahn-Ackermann (Übersetzer)
Taschenbuch: 128 Seiten
Verlag: Goldmann Verlag (1. Mai 2003)
ISBN-13: 978-3442164431

Sorge dich nicht - lebe! – Taschenbuch
von Dale Carnegie (Autor)
Taschenbuch: 416 Seiten
Verlag: FISCHER Taschenbuch; Auflage: 6
ISBN-13: 978-3596190560

Jetzt! Die Kraft der Gegenwart
Broschiert – von Eckhart Tolle (Autor)
Broschiert: 269 Seiten
Verlag: Kamphausen; Auflage: 3 2011 (1. März 2010)
ISBN-13: 978-3899013016

Willkommen im Reich der Fülle: Wie du Erfolg, Wohlstand und Lebensglück erschaffst - Taschenbuch von Robert Betz
Taschenbuch: 224 Seiten
Verlag: Heyne Verlag (14. April 2015)
ISBN-13: 978-3453702837

Der spirituelle Lebens-Ratgeber: Im Einklang mit dem Universum fühlen, denken, handeln – von Diana Cooper,
Übersetzerin: Gisela Merz-Busch
Taschenbuch: 232 Seiten
Verlag: Ansata; Auflage: 4 (26. August 2003)
ISBN-13: 978-3778771693

Die Gabe - Entdecke deine Bestimmung und lebe sie
Gebundene Ausgabe von Demian Liechtenstein und Shajen Joy Aziz
Gebundene Ausgabe: 352 Seiten
Verlag: Scorpio Verlag (10. April 2011)
Sprache: Deutsch
ISBN-13: 978-3942166195

Die Antwort: Entdecken Sie die Zeichen Ihrer höheren Führung! – von Ruediger Schache
Taschenbuch: 208 Seiten
Verlag: Heyne Verlag (10. März 2014)
Sprache: Deutsch
ISBN-13: 978-3453702486

Big Magic: Nimm dein Leben in die Hand und es wird dir gelingen – von Elizabeth Gilbert (Autor), Britt Somann-Jung (Übersetzer)
Gebundene Ausgabe: 320 Seiten
Verlag: FISCHER Taschenbuch; Auflage: 2 (24. September 2015)
Sprache: Deutsch
ISBN-13: 978-3596033706

Rein ins Vertrauen!: Wie wir jede Welle im Leben nehmen – von Karen Christine Angermayer
Taschenbuch: 352 Seiten

Verlag: Goldmann Verlag (16. Februar 2015)
Sprache: Deutsch
ISBN-13: 978-3442174720

Glückskinder: Warum manche lebenslang Chancen suchen - und andere sie täglich nutzen
Taschenbuch – 20. Januar 2014
von Hermann Scherer
Taschenbuch: 240 Seiten
Verlag: Piper Taschenbuch (20. Januar 2014)
Sprache: Deutsch
ISBN-13: 978-3492302807

Fokus!: Provokative Ideen für Menschen, die was erreichen wollen - Gebundene Ausgabe von Hermann Scherer
Gebundene Ausgabe: 296 Seiten
Verlag: Campus Verlag; Auflage: 1 (11. August 2016)
Sprache: Deutsch
ISBN-13: 978-3593506029

Diese Liste wird von mir permanent ergänzt, denn das Leben und Lesen geht ja weiter ... Aber dies ist schon mal ein guter Anfang und ich wünsche dir, dass dir das eine oder andere Buch auch auf deinem Weg hilft. Viel Freude beim Auswählen, Lesen und Ausprobieren!

Da ich, wie du bereits weißt, eine leidenschaftliche Netzwerkerin bin, stelle ich dir hier ein paar wichtige Persönlichkeiten aus meinem Netzwerk vor. Vielleicht helfen sie dir auch in deinem Leben, sei es privat, beruflich oder beides.

ERNST
ALBRECHT
VÖHRINGER
SELBSTBESTIMMTES LEBEN
einzigartig
persönlich
seriös
WIRTSCHAFTS
ASTROLOGIE
ENTSCHEIDUNGSHILFEN ZUR PERSÖNLICHEN ORIENTIERUNG UND POTENZIALENTFALTUNG
• Kostenlose Zoominare
• Einzel- & Paarberatungen
• 24-tägige Intensiv-Ausbildung nach EAV
• Der große Astrologie Online Kurs
WWW.STARSANDBUSINESS.DE

ENDLICH RICHTIG
Positioniert
Wenn Sie einen Quantensprung in Ihrem Business machen wollen, brauchen Sie eine Positionierung als Experte und ein funktionierendes Verkaufssystem. Ich unterstütze Sie bei den entscheidenden sechs P´s im Business:
· Positionierung finden
· Präsentationen optimieren
· Preise erhöhen
· Produkte kreieren
· Pakete schnüren
· Profite steigern
Gerne unterstütze ich Sie bei Ihrem Erfolg und bringe Sie auf die nächste Stufe. Buchen Sie einen Vortrag, ein exklusives 1:1 Mentoring oder einen Workshop.
Dr. Renée Moore ist Positionierungs- und Verkaufsexpertin, Top Keynote-Speakerin, Speaker of the Year 2020 (Red Fox Award Gewinner, Kategorie Vertrieb), Deutschlands führende Motivations-Expertin (bekannt aus RTL) und „The New Global Leader" (Huffington Post). Sie kennt die internationale Geschäftswelt mit all ihren Facetten.
Dr. Renée Moore
Be Unstoppable!
Infos unter www.reneemoore.com

DUNJA SCHENK
TRAINING & COACHING
Fähigkeiten weiterentwickeln
Effizienz verbessern
Ziele sicher erreichen
Sie wollen...
- Ihr persönliches Potenzial oder das Ihres Teams entwickeln?
- Ihr Selbstmanagement oder die Effizienz in Ihrem Office verbessern?
- Ihre individuellen oder unternehmerischen Ziele erreichen?
Kontaktieren Sie mich für ein individuelles Angebot!
Dunja Schenk
Persönlichkeitskennerin
Selbstmanagementexpertin
Zielerreichungscoach
Weizenweg 58
72555 Metzingen
Büro: 07123/9446555
Mobil: 0151/27572805
E-Mail: mail@dunja-schenk.de
Internet: www.dunja-schenk.de
www.xing.com/profile/Dunja_Schenk
www.facebook.com/dunjaschenktrainingcoaching

STYLINGPERSONALSHOPPING
Ihr
Styling-Coach
wenn es um Ihr
Outfit geht!
SOA
THE SECRET OF
ATTRACTION
BY ANETT WIERZ
anettwierz@soa-am.com · www.soa-am.com
CHANEL
prange